Alexander Günter

Evaluierung der Testautomatisierung mit SAP Solution Manager 7.1

Bachelor + Master
Publishing

Günter, Alexander: Evaluierung der Testautomatisierung mit SAP Solution Manager 7.1, Hamburg, Bachelor + Master Publishing 2013
Originaltitel der Abschlussarbeit: Evaluierung der Testautomatisierung mit SAP Solution Manager 7.1

Buch-ISBN: 978-3-95549-426-1
PDF-eBook-ISBN: 978-3-95549-926-6
Druck/Herstellung: Bachelor + Master Publishing, Hamburg, 2013
Covermotiv: © Kobes · Fotolia.com
Zugl. Hochschule Karlsruhe – Technik und Wirtschaft, Karlsruhe, Deutschland,
Bachelorarbeit, Februar 2012

Bibliografische Information der Deutschen Nationalbibliothek:
Die Deutsche Nationalbibliothek verzeichnet diese Publikation in der Deutschen
Nationalbibliografie; detaillierte bibliografische Daten sind im Internet über
http://dnb.d-nb.de abrufbar.

© Bachelor + Master Publishing, Imprint der Diplomica Verlag GmbH
Hermannstal 119k, 22119 Hamburg
http://www.diplomica-verlag.de, Hamburg 2013
Printed in Germany

Abstract

Mit der Version 7.1 erweitert SAP den SAP Solution Manager mit einigen interessanten Funktionen im Bereich Testmanagement. Besonders interessant sind die Testwerkzeuge der Testautomatisierung, da das SAP-eigene Testautomatisierungs-Tool eCATT die neuen SAP-Oberflächen mit unterschiedlichen Technologien nicht unterstützt und somit für das Testen von Geschäftsprozessen, die sich über mehrere Technologien erstrecken, nicht geeignet ist. Um diese Lücke zu schließen, wurden verschiedene Drittanwendungen integriert.

Testautomatisierung ist in allen Phasen der Entwicklung möglich, jedoch nicht immer sinnvoll. Da viele Unternehmen an der SAP Basisfunktionalität keine Änderungen vornehmen möchten, liegt der Fokus auf Customizing und modifikationsfreie Erweiterungen der SAP Systeme. An dieser Stelle macht es mehr Sinn fachliche Prozesse zu automatisieren, um zu erkennen, ob der gesamte Geschäftsprozess nach mehreren Testdurchläufen (Regressionstest) fehlerfrei funktioniert. Regressionstests eignen sich ebenso für Untersuchungen, ob alle Prozesse nach der Installation eines Updates nach wie vor funktionieren oder angepasst werden müssen. Mit Testautomatisierung können auf diese Weise Fehler schneller aufgedeckt und behoben werden, dies spart nicht nur Zeit sondern auch Kosten.

Die Zielsetzung dieser Arbeit besteht darin, herauszuarbeiten welche neue Möglichkeiten der Testautomatisierung sich durch das Upgrade im SAP Solution Manager 7.1 ergeben. Hierzu müssen die Testautomatisierungs-Werkzeuge eCATT und HP QTP (Drittanwendung) ausführlich untersucht werden, um deren Stärken und Schwächen aufzuzeigen. Für eine solche Untersuchung ist es wichtig, dass sowohl die Thematik des Testens als auch die Grundlagen der Testautomatisierung bekannt sind. Anhand dieser Kenntnisse soll eine Evaluierung der Testwerkzeuge und eine Machbarkeitsstudie zur Testautomatisierung stattfinden. Aufgrund der erarbeiteten Anforderungen soll ein Konzept für einen automatisierten Test anhand eines Geschäftsprozesses mit unterschiedlichen Technologien und Anwendungen entwickelt werden.

Inhaltsverzeichnis

Abbildungsverzeichnis

Tabellenverzeichnis

Abkürzungsverzeichnis

AG	Aktiengesellschaft
ALM	Application Lifecycle Management
ASAP	Accelerated SAP
BSP	Business Server Pages
ca.	circa
CRM	Customer Relationship Management
d.h.	das heißt
eCATT	extended Computer Aided Test Tool
EPK	Ereignisgesteuerte Prozesskette
GUI	Graphical User Interface
HP	Hewlett Packard
HTTP	Hypertext Transfer Protocol
ITIL	IT Infrastructure Library
QTP	Quick Test Professional
RFC	Remote Function Call
S.	Seite
SAP	Systeme, Anwendungen und Produkte in der Datenverarbeitung
TAF	Test Automation Framework
UI	User Interface
usw.	und so weiter
VBA	Visual Basic for Applications
vgl.	Vergleich
z.B.	zum Beispiel

1 Einleitung

1.1 Ausgangssituation der Arbeit

Die verstärkte Nutzung von Unternehmensnetzwerken, die zunehmende Globalisierung und die ständige Erweiterung von Geschäftsfunktionen stellen viele Unternehmen vor zahlreiche Herausforderungen. Sie müssen neue Software und Updates ohne Beeinträchtigung der Geschäftsabläufe implementieren und betreiben und trotz steigender Komplexität fehlerfreie und performante Lösungen bereitstellen. Gleichzeitig sollen Betriebskosten gesenkt und Risiken minimiert werden. Unter diesen Prämissen stellt das Thema „Testen" eine wesentliche Herausforderung für die Implementierung und den Betrieb geschäftskritischer Prozesse dar.

Mit dem SAP Solution Manager wird von der SAP AG (SAP) eine Lösung zur Verfügung gestellt, die alle Methoden, Prozesse und Werkzeuge für das Qualitätsmanagement und Testen beinhaltet. Insbesondere die Funktionalitäten rund um das Testmanagement und die Testautomatisierung sind aktuell wesentlich erweitert und ergänzt worden. Dadurch ergeben sich viele Möglichkeiten in der Erstellung und Verwaltung von manuellen und automatisierten Tests. Die wohl größte Erweiterung stellen dabei die drei unterschiedlichen Testoptionen mit sowohl SAP- als auch Partner- und Drittanbieter-Werkzeugen dar.

Die drei Testoptionen liefern divergente Ansätze für das manuelle und automatisierte Testen im SAP Solution Manager. Während die Testoptionen 2 und 3 den ganzheitlichen Testlebenszyklus in Drittanbieter-Anwendungen gestalten, wird in Option 1 der komplette Testprozess, von Testplanung bis –auswertung, im SAP Solution Manager umgesetzt. Dabei stellt die Test Workbench, wie bereits in der Vorgängerversion, den zentralen Punkt für die Planung und Vorbereitung von Tests, aber auch die Ausführung manueller Tests und die Analyse der Testergebnisse werden hier vollzogen. Für die Erstellung automatisierter Tests wurde das neue Test Automation Framework (TAF), welches die Werkzeuge für die Automatisierung von Tests integriert, im SAP Solution Manager implementiert.

Das TAF integriert über eine zertifizierte Schnittstelle externe Testwerkzeuge für die Erstellung automatisierter Tests. Damit können sowohl SAP- als auch Nicht-SAP-Anwendungen getestet werden, womit ein lückenloses Testen technologieübergreifender Geschäftsprozesse ermöglicht wird. Die Integration eines externen Testwerkzeugs in das Test Automation Framework liefert in Kombination mit eCATT viele Vorteile in der Testautomatisierung im SAP-Umfeld.

Diese Arbeit führt eine Machbarkeitsstudie zur Testautomatisierung von SAP- und Nicht-SAP-Anwendungen im SAP Solution Manager 7.1 durch. Darüber hinaus werden die Grundlagen des Testens im SAP-Umfeld aufgezeigt und auf wichtige Fragen der Testautomatisierung eingegangen.

1.2 Zielsetzung der Arbeit

Ausgehend von diesem Hintergrund besteht die Zielsetzung dieser Arbeit darin, herauszuarbeiten inwieweit eine Testautomatisierung von technologieübergreifenden Geschäftsprozessen im SAP-Umfeld mit dem neuen Test Automation Framework im SAP Solution Manager 7.1 technisch möglich ist. Hierzu muss das integrierte Testautomatisierungswerkzeug HP QuickTest Professional ausführlich untersucht werden, um deren Stärken und Schwächen zu erkennen. Für eine solche Untersuchung ist es wichtig, dass sowohl die Grundlagen des Softwaretestens als auch die Thematik der Testautomatisierung bekannt sind. Infolgedessen soll diese Arbeit vor der Analyse des Test Automation Frameworks diese Kenntnisse vermitteln. Anhand dieser Kenntnisse soll dann eine Untersuchung und Beurteilung der Möglichkeiten der Testautomatisierung mit dem neuen Test Automation Framework stattfinden.

1.3 Vorgehensweise der Arbeit

Um die Zielsetzung zu erreichen, wird in dieser Arbeit wie folgt vorgegangen:

In Kapitel 2 werden die theoretischen Grundlagen zum Testen von Software und Softwaresystemen erarbeitet. Diese Grundlagen beinhalten neben einem Einblick in die Notwendigkeit von Tests auch eine Beschreibung der Teststufen in der SAP-Projektmethodik. Weiterhin wird mit der Beschreibung von Testaktivitäten ein mögliches Vorgehensmodell für einen Testprozess geliefert. Anschließend werden die für das Softwaretesten wichtigen Erkenntnisse der Testautomatisierung zusammen, hierunter fallen die Vor- und Nachteile des automatisierten Testens und deren Auswirkungen auf den Testprozess. Zunächst wird anhand von Nachteilen aufgezeigt, was die Testautomatisierung nicht leisten kann und damit versucht falsche Erwartungen an das automatisierte Testen auszuräumen. Die Erkenntnisse zeigen jedoch, dass die Vorteile der Testautomatisierung bei richtiger Implementierung der Testwerkzeuge und sorgfältiger Planung des Testprozesses die Nachteile überwiegen. Teilweise werden erhebliche Einsparungen des Arbeits- und Zeitaufwands im Vergleich zum manuellen Testen deutlich. Die Betrachtung einiger Testwerkzeuge, die den Anwender bei den Testaktivitäten unterstützen und das manuelle Testen verbessern können, bildet das Ende des Kapitels.

Kapitel 3 geht auf die Anwendungsmanagementlösung SAP Solution Manager ein und beschreibt neben der Funktionalität auch die integrierten Werkzeuge. Ein wichtiges Thema des Kapitels, aber auch des SAP Solution Managers stellt das Application Lifecycle Management, nach dessen Prinzip die Prozesse in der Managementlösung abgebildet werden. Nach der Erläuterung des Testablaufs im SAP Solution Manager, schließt die Beschreibung der einleitend vorgestellten Testoptionen das Kapitel ab.

Kapitel 4 beinhaltet die Vorbereitungen zur Untersuchung des Test Automation Frameworks mit dem integrierten Partnerwerkzeug HP QuickTest Professional. Um eine sorgfältige Analyse gewährleisten zu können, werden zunächst die Ziele der Untersuchung festgelegt und die zu testenden Technologien innerhalb eines Geschäftsprozesses aufgezeigt. Anhand eines Konzepts soll das Vorgehen der Untersuchung in die zielführende Richtung gelenkt werden.

Die Umsetzung der Anforderungen bildet den Inhalt von Kapitel 5. Dieses Kapitel beschreibt das neue Test Automation Framework im SAP Solution Manager 7.1 und die Integration des Partnerwerkzeugs HP QuickTest Professional. Die Analyse des Testwerkzeugs zeigt die Möglichkeiten der Testautomatisierung technologieübergreifender Geschäftsprozesse im SAP-Umfeld.

In dem abschließenden Kapitel 6 wird die Zielerreichung der Arbeit validiert.

2 Einführung in Software-Testen

Das Thema „Testen" von Software wird in der Softwareentwicklung und -wartung als unverzichtbar gesehen, dennoch gibt es von Unternehmen zu Unternehmen, von Branche zu Branche, riesige Unterschiede in der Qualität des Testens. Während im Umfeld der Chemie- und Pharmaindustrie, wo falsche Entscheidungen und schlecht organisierte Tests Menschenleben gefährden können, ausgereifte Testprozesse anzutreffen sind (vgl. [HeTr09], S. 29), wird laut [INET01] und [INET02] in der IT-Branche immer noch zu selten und nicht sorgfältig getestet. Dabei stellt das Testen die Funktionalität von Softwareanwendungen sicher und erhöht zugleich deren Qualität.

SAP erachtet das Thema „Testen" als erforderlich und stellt daher seinen Kunden unterschiedliche Werkzeuge und Services zur Verfügung, um Implementierungen und Updates von SAP-Lösungen kontrolliert durchführen zu können. Ein reibungsloser Weiterbetrieb von Geschäftsprozessen wird gewährleistet, indem Änderungen planvoll dokumentiert, getestet und implementiert werden. Der Test stellt auf diese Weise sicher, dass eine geänderte Funktionalität keine negativen Auswirkungen auf den Betrieb hat. Laut [INET03] zeigt sich in der Praxis allerdings immer noch, dass Testprozesse nicht planvoll erfasst werden und somit wenig Effizienz bieten. Aussagen über die Stabilität der Änderungen können dadurch kaum getroffen und die Sicherheit des Produktivbetriebs kann zu keinem Zeitpunkt gewährleistet werden.

In diesem Kontext taucht gelegentlich die Frage auf: „Warum soll eine Standardsoftware getestet werden? Macht das nicht der Hersteller?". Sicherlich ist es die Aufgabe des Herstellers die Software zu testen und auf Korrektheit zu prüfen, jedoch können kundenseitige individuelle Änderungen nicht durch den Hersteller abgedeckt werden. „Somit ist die unternehmensindividuelle Ausprägung einer betrieblichen Standardsoftware in jedem Fall zu testen." [HeTr09].

Bevor in den nachfolgenden Abschnitten auf die Grundlagen des Testens im SAP-Umfeld eingegangen wird, muss zunächst die Notwendigkeit des Testens verdeutlicht werden. Diese ist vielen nicht bewusst, was zur Folge hat, dass Projekte, aufgrund zu spät erkannter Fehler, nicht rechtzeitig fertiggestellt werden oder oftmals das Budget übersteigen. Softwaretests haben einen hohen Nutzen und sind daher absolut notwendig. Die Automatisierung von Tests ermöglicht eine gleichbleibende Testqualität und kann durch die Wiederverwendbarkeit von Testskripten den Arbeits- und Zeitaufwand minimieren. Hier muss aber genau abgewogen werden, ob die Automatisierung sinnvoll erscheint oder nicht. Daher werden im letzten Teil des Kapitels die Vor- und Nachteile der Testautomatisierung beschrieben und Werkzeugtypen aufgezeigt, die bei der Automatisierung behilflich sein können.

2.1 Notwendigkeit von Tests

Einleitend wurde beschrieben, dass das Thema „Testen" als wichtiger Bestandteil der Softwareentwicklung betrachtet wird, jedoch in unterschiedlicher Form und Qualität ausgeprägt ist. Um Fragestellungen, wie „Warum muss eine Standardsoftware getestet werden?" zu vermeiden, muss die Notwendigkeit des Testens verdeutlich werden. Nachfolgend wird auf diesen Punkt eingegangen, um ein einheitliches Verständnis für dieses Thema zu schaffen.

SAP stellt mit der breiten Palette der SAP-Lösungen eine hohe Funktionalität zur Verfügung, die einen großen Bereich der betrieblichen Geschäftsprozesse abdeckt. Für die korrekte Funktionsweise der Produkte setzt SAP auf eine umfassende Qualitätssicherung, die in allen Phasen der SAP-Projektmethodik (siehe Kapitel „Teststufen in SAP-Projekten") zum Einsatz kommt. Kundenseitig gilt es, die individuellen Geschäftsprozesse des eigenen Unternehmens mit SAP-Produkten in Lösungen zu überführen. Reicht die Standardfunktionalität der SAP-Produkte nicht aus, können kundenspezifische Änderungen vorgenommen werden. Dabei stehen dem Kunden mehrere Möglichkeiten zur Verfügung die Standardsoftware an die individuellen Geschäftsprozesse anzupassen.

Unternehmen versuchen durch die Entwicklung und Anpassung der eigenen Geschäftsprozesse ihre Einzigartigkeit und die daraus resultierenden Wettbewerbsvorteile zu sichern. Die Individualität der Geschäftsprozesse führt aber die Funktionalität der Standardsoftware oftmals an ihre Grenzen. Somit werden kundenseitige Änderungen an der Software unvermeidlich. Bevor aber unnötige Eingriffe vorgenommen werden, sollte zunächst geprüft werden, ob standardisierte Prozesse mit Hilfe des Customizings an die Anforderungen des Unternehmens angepasst werden können. Überall dort, wo diese Form der Anpassungen nicht ausreicht, muss die Funktionalität durch Erweiterungen oder Modifikationen implementiert werden. Sollten Modifikationen ebenfalls nicht ausreichen, gibt es die Möglichkeit vollständige Eigenentwicklungen im SAP-System zu implementieren (vgl. [INET04]).

All diese Änderungsmöglichkeiten einer SAP-Lösung können geschäftskritische Fehler verursachen, daher gilt es das Customizing und zusätzliche Entwicklungen durch angemessene Testaktivitäten zu prüfen. Auf diese Weise kann auf fachlicher Ebene sichergestellt werden, dass alle Anforderungen korrekt in die Lösung implementiert wurden, damit die Lösung alle Geschäftsprozesse optimal unterstützen kann (vgl. [HeTr09], S. 31). Zudem muss auf technischer Ebene die fehlerfreie Nutzung der Prozesse und eine angemessene Performance gewährleistet werden (vgl. [HeTr09], S. 31). Die kundenindividuelle Ausprägung einer Standardsoftware muss somit, ob geringe oder erhebliche Änderungen vorgenommen wurden, immer getestet werden.

Doch nicht nur kundenindividuelle Entwicklungen stellen Tester vor neue Herausforderungen. Die komplett neue Installation einer SAP-Lösung oder das Update eines bestehenden Systems, in Form von Patches und Enhancement Packages, bringen enorme Änderungen mit sich, die es ebenso gilt zu prüfen (vgl. [INET05]). Besonders wichtig ist die Gewährleistung eines reibungslosen Ablaufs geschäftskritischer Prozesse im Produktivbetrieb (vgl. [HeTr09], S. 43). Hier dürfen nach dem Einspielen von Support Packages und SAP-Hinweisen keine Fehler auftreten. Die Notwendigkeit zur Prüfung sämtlicher Änderungen und Geschäftsprozesse ist damit gegeben.

Für das Testen der Änderungen in SAP-Lösungen existieren viele Möglichkeiten. Hier muss eine ausgewogene Kombination von Testfällen ausgewählt werden, um zu hohen Testaufwand und redundante Tests zu vermeiden. Zudem sollten die Testfälle nicht nur einzelne Geschäftsprozesse abdecken, sondern die vollständige Durchführung von Integrationstests ermöglichen. Mit dem richtigen Testmanagement und dem Einsatz von Testautomatisierungswerkzeugen kann nicht nur eine hohe Qualität der SAP-Lösungen realisiert werden, zudem kann durch die Wiederholung von Regressionstests der Zeit- und Kostenaufwand signifikant reduziert werden (vgl. [INET03] und [INET05]). Der SAP Solution Manager (siehe Kapitel 3) als Plattform für das Management von SAP-Lösungen unterstützt dabei den Anwender bei sämtlichen Testaktivitäten im Umfeld von SAP-Produkten.

Wie dieser Abschnitt gezeigt hat, ist das Testen aller Änderungsereignisse unvermeidbar, um die fehlerfreie Funktionalität von SAP-Lösungen zu gewährleisten. Je nach Änderungsereignis entstehen aber unterschiedlich hohe Testaufwände und –umfänge, die bei der Planung von Testfällen einkalkuliert werden müssen. Außerdem erfordern Änderungen unterschiedliche Testaktivitäten und Methoden, die zusammen mit den typischen Teststufen im SAP-Umfeld nachfolgend aufgezeigt werden.

2.2 Teststufen in der SAP-Projektmethodik

In den vergangenen Jahrzehnten wurden in der Softwareentwicklung viele Vorgehensmodelle erarbeitet, um Softwareprojekten eine Struktur zu geben und somit ein organisiertes Vorgehen im Entwicklungsprozess zu ermöglichen. Das von Boehm bereits 1979 vorgestellte V-Modell erkannte die Qualitätssicherung als eigenen Prozess und stellte diese dem Entwicklungsprozess gleich. Die Gegenüberstellung der Testphasen überprüft die Ergebnisse der korrespondieren-den Entwicklungsphasen und führt auf diese Weise zu einer möglichst hohen Testabdeckung (vgl. [INET06]). Aufgrund der Konzeptions- bzw. Entwicklungsphasen auf der linken Seite und der gleichberechtigten Testphasen auf der rechten Seite entsteht ein V-förmiger Aufbau des Modells (siehe Abbildung 2.1) (vgl. [FeGr99], S. 6).

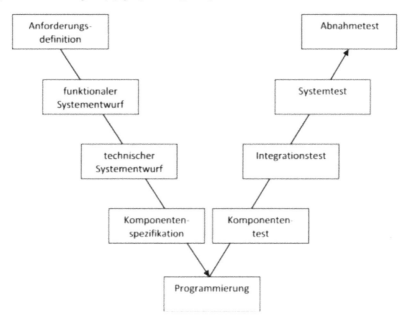

Abbildung 2.1 Allgemeines V-Modell (vgl. [HeTr09], S. 48)

Auch wenn das V-Modell in seiner ursprünglichen Form für einen modernen Entwicklungs- bzw. Implementierungsprozess nicht mehr geeignet ist, zeigt es trotzdem auf, dass innerhalb eines Entwicklungsprojekts verschiedene Testphasen erforderlich sind. „Die Aufteilung in unterschiedliche Teststufen ist sinnvoll, da die einzelnen Stufen jeweils andere Vorgehenswei-sen bei der Testfallerstellung, Testplanung und Testdurchführung erfordern, die es im Projekt-kontext zu berücksichtigen gilt" [HeTr09].

Das V-Modell eignet sich nicht nur als Vorgehensmodell für die Neuentwicklung einer Soft-ware, sondern kann für unterschiedliche Entwicklungsprozesse eingesetzt werden. Diese

Eigenschaft stellt eine Verbindung zum SAP-Umfeld dar, jedoch mit dem Unterschied des zugrunde liegenden Vorgehensmodells. Die ASAP (Accelerated SAP) Implementation Roadmaps[1] beschreiben das Vorgehen für die Implementierung und das Update von SAP-Systemen. Sie decken gesamte Projekte ab und gehen über die Realisierung und den Test von Systemänderungen hinaus (vgl. [HeTr09], S, 50). Dokumentvorlagen und Best Practices können z.B. im Kontext einzelner Projektphasen bzw. Tätigkeiten abgerufen werden (vgl. [HeTr09], S. 78). Neben den standardisierten ASAP Roadmaps für verschiedene Projekttypen (u.a. Upgrade, Roll-out) können kundenspezifische Roadmaps erstellt werden. Diese ermöglichen ein angepasstes Vorgehensmodell bei großen Projekten mit Eigenentwicklungen.

Entsprechend dem allgemeinen V-Modell wird im SAP-Umfeld ebenfalls in jeder Projektphase getestet. Die ASAP Roadmaps gehen jedoch über Akzeptanztests hinaus und bilden mit den Regressionstests ein gesondertes Vorgehen im operativen Betrieb zur Absicherung der Funktionalität der SAP-Systeme. Die Abbildung 2.2 zeigt die Verbindung aus den Teststufen des V-Modells und der SAP-Projektmethodik.

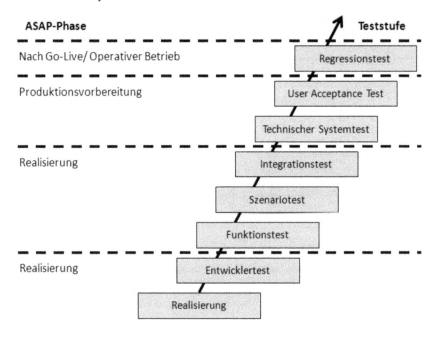

Abbildung 2.2 Teststufen in der SAP-Projektmethodik (vgl. [HeTr09], S. 51)

Teststufen in SAP-Projekten

Im SAP-Umfeld wird funktional nach einer Bottom-up-Strategie getestet, d.h. vom Teil zum Ganzen. Diese erlaubt im zeitlichen Verlauf eines Projektes nach Integrationsstufen vorzugehen und in jeder ASAP-Phase die notwendigen Tests durchzuführen. Dabei werden nach [HeTr09], [ObGe00] und [SpLi10] folgende Tests unterschieden:

- **Entwicklertest:** Wie der Name bereits sagt, wird diese Testart in der Entwicklungsphase vom Entwickler selbst durchgeführt. Die Tests finden auf technisch niedriger Ebene statt

---

[1] Das Buch „SAP-Lösungen testen" gibt im Kapitel Testmethodik eine genaue Beschreibung zum Vorgehensmodell im SAP-Umfeld.

und können neben der formalen Ablauffähigkeit auch einzelne Codezeilen und Funktionsbausteine testen.

- **Funktionstest:** Ein Funktionstest, auch Modultest oder Unit-Test genannt, überprüft eine einzelne Transaktion oder einen Funktionsbaustein. Dabei liegt der Fokus des Tests auf den inneren Funktionen und nicht auf der Schnittstelle oder Integration.
- **Szenariotest:** Mit einem Szenariotest werden mehrere zusammenwirkende Transaktionen z.B. in einem Geschäftsprozess getestet. Bei dieser Testart soll das Zusammenspiel einzelner Transaktionen und ihrer Schnittstellen geprüft werden.
- **Integrationstest:** Die fehlerfreie Integration von SAP-Lösungen mit Non-SAP-Anwendungen und Systemschnittstellen ist in einer heterogenen Systemlandschaft von hoher Bedeutung und muss daher durch einen Integrationstest geprüft werden. Die Geschäftsprozesse werden hierfür in Szenarien abgebildet und die Software wird entlang dieser modul- und systemübergreifenden Szenarien getestet.
- **Technischer Systemtest:** Bei den Systemtests wird das Gesamtsystem mit allen Komponenten, wie Datenbank, Applikationsserver, Netzwerk usw., gegen die gesamten Anforderungen in einer simulierten Produktivumgebung getestet.
- **Performancetest:** Als wesentlicher Bestandteil der technischen Systemtests sorgen Performancetests für die Messung der Durchsatz- und Antwortzeiten des Systems. Für die Durchführung solcher Tests wird die funktionale Korrektheit der zu testenden Anwendung vorausgesetzt.
- **User Acceptance Test:** Ein weiterer bedeutender Test vor dem Go-Live ist der User Acceptance Test. Hauptsächlich wird bei diesem Test auf Probleme in der Bedienbarkeit geprüft. Dieser Test wird durch den Anwender manuell durchgeführt, weshalb ein erheblicher Aufwand verursacht wird und mitunter keine automatisierten Tests verwendet werden können.
- **Regressionstest:** Das Ziel eines Regressionstests ist es sicherzustellen, dass nach einer prozessualen oder technischen Veränderung keine Fehler in der Funktionalität oder am Geschäftsprozess entstehen. Im SAP-Umfeld werden solche Tests hauptsächlich nach Korrekturen, Enhancement-/Support-Package-Implementierungen oder nach Änderungen des Customizings eingesetzt.

Aufgrund der Wichtigkeit der Regressionstests für die Untersuchungen dieser Arbeit, wird auf diese Testart und die Ereignisse, die einen Regressionstest erforderlich machen, nachfolgend eingegangen.

Regressionstest

Wie bereits erwähnt, soll ein Regressionstest sicherstellen, dass nach einer Modifikation an einer bereits getesteten Komponente keine Fehler auftreten. Dafür werden im Grunde keine neuen Testfälle entwickelt, sondern vorhandene Tests wiederholt. Hierdurch kann gewährleistet werden, dass nach einer Änderung der Softwarekomponente der identische Test durchgeführt wird. Somit kann ein Vergleich zum Testlauf der Vorgängerversion gezogen werden (vgl. [Fran07], S. 208).

Änderungen der Software können Regressionstests in jeder Projektphase notwendig machen. [Fran07] und [HeTr09] unterscheiden dabei zwischen diesen Ereignissen:

- **Fehlerbehebung einer Komponente:** Die Korrektur eines Fehlers in einer Komponente kann unter Umständen zu einem anderen Fehler führen und sich negativ auf die Funktionalität der Anwendung auswirken. Ein Regressionstest soll die Komponente auf den korrigierten Fehler prüfen und auf eventuelle Folgefehler stoßen. Die Testwiederholung soll sich jedoch nicht nur auf die modifizierte Komponente beschränken, sondern direkt kommunizierende Systemkomponenten mit überprüfen.
- **Implementierung neuer Funktionen:** Die Erweiterungen einer SAP-Lösung durch neue Funktionen oder Änderungen vorhandener Funktionen müssen zunächst in allen Projektphasen getestet werden. Der anschließende Regressionstest soll sicherstellen, dass keine der bestehenden, unveränderten Funktionen durch die Neuerungen ungewollt beeinflusst werden.

2.3 Testaktivitäten

Das Kapitel 2.2 hat bereits gezeigt, das Tests in allen Projektphasen entlang der Integrationsstufen notwendig sind, um die fehlerfreie Funktionalität einer Software nach vorgenommenen Änderungen gewährleisten zu können. Mit den ASAP Roadmaps steht eine umfangreiche Methodik zur Implementierung und zum Betrieb von SAP-Lösungen zur Verfügung, welche auch Aktivitäten zur Qualitätssicherung enthalten. In diesem Kontext hat ein Testprozess die Auf-gabe die wesentlichen Schritte zur Umsetzung des Tests zu beschreiben und somit ein strukturiertes Vorgehen zu ermöglichen (vgl. [SpLi10], S. 20). In der allgemeinen Literatur sind ausführliche Beschreibungen mit allen Testaktivitäten zu finden, zumindest sollte ein Testprozess die nachfolgend beschriebenen Schritte enthalten.

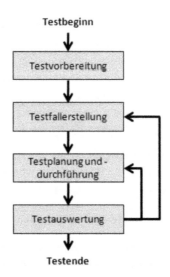

Abbildung 2.3 Ablauf eines Testprozesses

Testvorbereitung

Die Vorbereitungen einer so umfangreichen Aufgabe wie das Testen sollten so früh wie möglich in einem Projekt stattfinden. In den ersten Schritten werden sämtliche Aspekte der durchzuführenden Tests analysiert und gegliedert dokumentiert. Alle Festlegungen werden in Form eines Testkonzepts, welches für das gesamte Projekt als Regelwerk und Leitfaden für alle

Testaktivitäten gelten soll, festgehalten (vgl. [SpLi10], S. 21). Unter anderem enthält ein solches Konzept folgende Informationen (vgl. [SpLi10], S. 179):

- Einordnung der Tests in den Projektkontext
- Art und Umfang der Testumgebung
- Umfang der Testdokumente
- Inhalte der Tests, zu testende sowie nicht zu testende Merkmale
- Testende-, Testabbruch- und Abnahmekriterien
- Verwendung von Testwerkzeugen

Tabelle 2.1 Inhalt eines Testkonzepts

Kernaufgabe der Testvorbereitung ist die Bestimmung der Teststrategie, die wiederrum die Zielsetzung der Tests und der Testaktivitäten festlegt. Um eine optimale Testabdeckung erreichen zu können, werden anhand einer Risikoanalyse der Testumfang, die Priorität und der Detaillierungsgrad einzelner Testarten und –stufen bestimmt. Die Gewichtung der durchzuführenden Testfälle kann mit der Identifikation von Risikopotentialen bestimmt werden. Dabei muss der Testumfang kritischer Systemkomponenten größer ausfallen und intensiver getestet werden, als der einer weniger kritischen Komponente. Die Bestimmung der benötigten Ressourcen stellt in diesem Zusammenhang eine Herausforderung dar, denn sie impliziert die Abschätzung des Testaufwands (vgl. [HeTr09], S. 63).

Testfallerstellung

Die in den Vorbereitungen festgelegte Teststrategie gibt vor in welchem Umfang Objekte getestet werden sollen. Auf dieser Grundlage können einzelne Testfälle spezifiziert werden, wobei zu beachten ist, dass unterschiedliche Testphasen unterschiedliche Testfälle benötigen. Eine Beschreibung der Testfälle muss in jedem Fall angelegt werden, unabhängig davon, ob manuell oder automatisiert getestet wird. Die manuellen Tests sollten idealerweise eine detaillierte Beschreibung aufweisen, um als Grundlage für eine Automatisierung dienen zu können (vgl. [HeTr09], S. 63).

Testplanung und -durchführung

Die unterschiedliche Betrachtung der Teststufen innerhalb der Testarten macht es unmöglich einen universellen Testplan für alle Testarten zu erstellen. Daher werden im ersten Schritt der Testplanung die für die Teststufe relevanten Testfälle aus der Gesamtmenge identifiziert und zugewiesen. Für einen nicht vollumfänglichen Test kann anhand der Risikobewertung eine Teilmenge der Testfälle selektiert werden. Die Risikoanalyse hilft die Priorisierung von Testfällen festzulegen, um einen konkreten Ablauf der Tests zu ermöglichen und gleichzeitig sicherzustellen, dass kritische Testfälle zuerst auszuführen sind (vgl. [SpLi10], S. 27). Nach der Planung der Tests erfolgt ihre Durchführung. Die einzelnen Testfälle werden Testern zugewiesen, welche die Durchführung und das Ergebnis der Tests exakt und vollständig dokumentieren und einen definierten Status der Tests (z.B. erfolgreich, fehlerhaft) zurückmelden. Für eine erfolgreiche Planung und Durchführung von Tests und die anschließende Auswertung und Dokumentation empfiehlt [Spil08] den Einsatz von Testmanagementwerkzeugen.

Testauswertung

Das Reporting ist ein wichtiges Element des Testprozesses, denn es gibt nach der Testdurchführung wichtige Informationen über den Status der Testfälle und ermöglicht somit zu bewerten, ob die in der Planung festgelegten Testendekriterien erfüllt sind. Die Auswertung gibt Auskunft über den aktuellen Bearbeitungsstatus und die Fehlermeldungen und kann somit zur Beendigung der Testaktivität führen. Aufgrund von Auswertungen können zusätzliche Testfälle eingeführt oder die Kriterien reduziert werden. Der Einsatz von Testmanagementwerkzeugen erweist sich hier als sehr sinnvoll, da ein Überblick mit Diagrammen und Detailberichten ermöglicht wird. In jedem Fall muss bei der Erfüllung der Testendekriterien ein abschließender Testbericht erstellt werden. Dieser sollte neben den relevanten Nachweispflichten auch mögliche Verbesserungsvorschläge zum Testprozess enthalten (vgl. [Spil08], S. 24).

2.4 Testautomatisierung

Die vorhergehenden Abschnitte haben bereits beschrieben, dass das Thema „Testen" ein wichtiger Bestandteil der Softwareentwicklung ist und seine Notwendigkeit hat. Änderungen von Standardsoftware durch Weiterentwicklung, Customizing oder Implementierung von Updates führen zu neuen Funktionen, welche die Software grundlegend verändern können. Um die Funktionalität gewährleisten zu können, müssen nicht nur die geänderten Komponenten der Software getestet werden, sondern die komplette Systemsoftware. Mit den ASAP Roadmaps steht im SAP-Umfeld ein Vorgehensmodell zur Verfügung, das in unterschiedlichen Projektphasen unterschiedliche Teststufen vorsieht und somit den Entwicklungsprozess der Software durch den entsprechenden Testprozess absichert. Mit den Testaktivitäten wird ein Testprozess von der Vorbereitung bis zur Durchführung durchlaufen und anschließend ausgewertet. Auf Grundlage der ausgewerteten Ergebnisse werden weitere Entscheidungen getroffen.

Mit der Testautomatisierung ergeben sich einige Möglichkeiten, die den Anwender (Testmanager, Testingenieur, Tester) bei der Erstellung und Auswertung der Tests unterstützen und eine Hilfestellung leisten. Jedoch erweckt der Begriff „Testautomatisierung" bei vielen Personen falsche Vorstellungen, weshalb des Öfteren euphorisch über das Thema gesprochen wird, jedoch die Vorstellungen mit mehr Aufwand verbunden sind, als zunächst geplant. Diese falschen Erwartungen an das Thema „Testautomatisierung" sollen nachfolgend ausgeräumt werden, bevor die Vorteile der Thematik dargestellt werden. Der Abschnitt mit der Beschreibung der möglichen Testwerkzeuge zur Unterstützung der Testaktivitäten und Methoden schließt das Kapitel ab.

2.4.1 Das kann die Testautomatisierung nicht leisten

Im Zusammenhang mit Testautomatisierung entstehen oft falsche Erwartungen, weil ungeschulte Personen eine falsche Vorstellung von automatisiertem Testen haben (vgl. [FeGr99], S. 10). Die Erwartungen liegen in vielen Fällen weit von der Realität entfernt, denn der Einsatz eines Testautomatisierungswerkzeugs bedeutet nicht, dass der Testaufwand automatisch verringert wird oder der Zeitplan sich verkürzt. Im Gegenteil nimmt der Aufwand zu Beginn eines Testprozesses zu und kann sich erst bei mehrmaliger Wiederholung auszahlen.

Laut [DuRP00] lassen hohe Ansprüche an Technologie und Automatisierung manche Menschen glauben, ein automatisiertes Testwerkzeug kann alle Aktivitäten von der Planung bis zur Ausführung der Tests ohne manuellen Einsatz erledigen. Andere glauben, ein einziges Testwerkzeug könne ohne Rücksicht auf Umgebungsparameter sämtliche Testanforderungen unterstützen.

Falsche Erwartungen im Hinblick auf Testautomatisierung müssen ausgeräumt werden, um ein besseres Verständnis für das automatisierte Testen und dessen Auswirkungen zu schaffen. In diesem Abschnitt wird ein Teil der falschen Vorstellungen aufgezeigt.

Die Alleskönner

Auch wenn die Vorstellung großartig ist, dass ein Testwerkzeug automatisch den Testplan entwickelt, die Testverfahren entwirft und erstellt und die Abläufe ausführt, entspricht dies nicht ganz der Realität. Testwerkzeuge können zwar einige Testaktivitäten automatisieren, trotzdem sollten sie als eine „Verbesserung des manuellen Testens" [DuRP00] betrachtet werden, und nicht als Alleskönner, die den menschlichen Faktor komplett ersetzen können.

Verringerung des Testaufwands

Der Einsatz automatisierter Werkzeuge wird zwar oft in der Verringerung des Testaufwands begründet, jedoch tritt eine Einsparung nicht unmittelbar auf. Es ist sogar möglich, dass bei der Einführung automatisierter Tests ein höherer Aufwand für den Testprozess entsteht. Die Gründe für den höheren Aufwand können im Einsatz eines neuen Testwerkzeugs oder in der ausführlichen Analyse der Zielanwendung liegen. Sowohl die Einarbeitung in ein neues Werkzeug als auch die Untersuchung des Zielsystems, um zu ermitteln, welche Teile davon der Automatisierung zugänglich sind, stellen einen zusätzlichen Testaufwand dar (vgl. [DuRP00], S. 39). Eine Verringerung des Testaufwands wird gewöhnlich (bzw. wenn überhaupt) erst nach mehreren Testdurchläufen, in Form von Regressionstests, erreicht (vgl. [INET01]).

Verkürzung des Zeitplans

Eine weitere falsche Erwartung ist, dass Testautomatisierung den Testprozess beschleunigt und somit den Zeitplan verkürzt. Wie oben beschrieben, kann die Einführung eines automatisierten Testwerkzeugs den Testaufwand erhöhen. Dies hat zur Folge, dass die erwartete Verkürzung nicht unmittelbar zutrifft. Es besteht sogar die Möglichkeit, dass eine Verlängerung des Zeitplans erforderlich ist, da mit der Einführung der Testautomatisierung aktuelle Testprozesse erweitert oder sogar neue Prozesse entwickelt werden müssen (vgl. [DuRP00], S. 39).

Universelle Anwendbarkeit der Testautomatisierung

Wie bereits erwähnt, sollte der Begriff „Testautomatisierung" als Verbesserung des manuellen Testens und nicht als die Lösung für das Testen gesehen werden. Schließlich ist es weder möglich noch ist es wirtschaftlich verträglich alle Tests in einem Projekt zu automatisieren. Allein die Betrachtung der unendlichen Anzahl von Abwandlungen und Kombinationen von System- und Benutzeraktivitäten, die in n-schichtigen Architekturen und Anwendungen mit grafischen Benutzeroberflächen möglich sind, zeigt, dass sehr viel Zeit benötigt wird, um jede Möglichkeit zu testen. Der Tester hat gar nicht die Zeit und die nötigen Ressourcen, um eine hundert-prozentige Testabdeckung einer Anwendung zu gewährleisten (vgl. [DuRP00], S. 41). Aufgrund der hohen Komplexität und der umfangreichen Funktionalität moderner Systeme würde das Testen zu einer endlosen Aufgabe wachsen (vgl. [INET05]). Infolgedessen sollte niemals eine hundertprozentige Testautomatisierung einer zu testenden Anwendung als das

Ziel festgelegt werden. Denn „es ist unmöglich, einen 100%-Test mit allen möglichen einfachen Eingaben für ein System durchzuführen" [DuRP00].

Hinzukommt der einschränkende Faktor „Kosten", der die Automatisierung von einmal ausgeführter oder sehr spezifischer und komplexer Tests teurer als manuelles Testen macht (vgl. [INET05]). Aufgrund des hohen Zeitaufwands, der für die Erstellung von automatisierten Tests investiert werden muss, kann durch die einmalige Ausführung kein Mehrwert entstehen (vgl. [FeGr99], S. 5). Ähnliche Auswirkungen auf die Kosten haben spezielle und komplexe Testfälle. Die Testautomatisierung solcher Tests bringt meistens keine wirtschaftlichen Vorteile, da der automatisierte Test nur für diesen einen Fall angewandt wird und somit kein mehrfacher Einsatz möglich ist. Der Aufwand, der dafür betrieben werden muss, ist wiederum zu groß und erhöht die Kosten der Testerstellung. Daher sollte während der Testvorbereitung genau untersucht werden, für welche Testfälle sich die Investition in die Entwicklung eines automatisierten Testskripts lohnt (vgl. [FeGr99], S. 5). Dafür ist eine sorgfältige Analyse der zu testenden Systemanwendung notwendig.

Außerdem sollte beachtet werden, dass manche Tests physikalisch einfach nicht automatisiert werden können, wie zum Beispiel eine gedruckte Ausgabe. Sicherlich könnte der Prozessschritt, der einen Druckauftrag ausführt, geskriptet werden, jedoch kann die nachfolgende Prüfung, ob die Ausgabe auch wirklich erfolgt ist, nicht automatisiert werden. Die manuelle Prüfung durch den Anwender ist trotzdem notwendig.

Weiterhin sollte jedem bewusst sein, dass die Automatisierung von GUI-Tests einen großen Aufwand verursacht, wenn die Benutzeroberfläche der zu testenden Anwendung ständigen Änderungen unterworfen ist. Allein die Verschiebung eines Objekts in der Präsentationsschicht der Software kann einen automatisierten Test fehlschlagen lassen, wenn das Testwerkzeug nur die Position des Testobjekts speichert und dadurch das Objekt nicht mehr findet. Um die Funktionalität weiterhin testen zu können, ist somit eine Anpassung, evtl. sogar Neuerstellung, des Testskripts notwendig. Daher sollte die GUI-Testautomatisierung am Ende eines Projekts erfolgen, weil sich bis dahin oft noch Änderungen ergeben (vgl. [INET05]).

2.4.2 Vorteile der Testautomatisierung

Auch wenn die Testautomatisierung nicht alle Erwartungen erfüllen kann, so bringt sie bei korrekter Implementierung und einem festgelegten Testprozess (siehe Kapitel 2.3) einige Vorteile mit sich. Die bedeutendsten Vorteile automatisierter Tests werden nachfolgend aufgezeigt.

2.4.2.1 Verbesserung der Softwarequalität

Damit eine Software erwartungsgemäß und mit geringer Ausfallzeit laufen kann, werden mit der Testarbeit die Ziele der Auffindung und Reduzierung von Mängeln verfolgt. Ein weiteres Ziel sollte darin bestehen die Erwartungen der Benutzer zu erfüllen oder zu übertreffen. Um diese Ziele erreichen zu können, sollte der Testprozess innerhalb des Schrittes „Anforderungsdefinition" in der Entwicklungsphase beginnen.

Testautomatisierung kann das Testen in alle Aktivitäten verbessern, z.B. bei der Entwicklung von Testverfahren während der Vorbereitung, der Testausführung, der Analyse der Testergebnisse und der Berichterstellung. Außerdem werden alle Teststufen, beginnend bei den Entwicklertests bis einschließlich Regressionstests, unterstützt. Testautomatisierung kann mit korrekt implementierten Testwerkzeugen und Methoden und einem wohldefinierten Testprozess zur Verbesserung der Qualität der Systemsoftware führen.

Detaillierte Definition der Anforderungen

Die Definition von Testfällen ist zwingend notwendig, um zuverlässige und kostengünstige Softwaretests erstellen zu können. Dabei sollten Anforderungen detailliert und eindeutig beschrieben werden, um den Testaufwand und Kosten zu verringern. Mit Werkzeugen wird das Erstellen testfähiger Anforderungen erleichtert. Testfertige Anforderungen unterstützen nicht nur die Vorbereitung eines effizienten Tests, sondern erhöhen zusätzlich die Nachvollziehbarkeit des Testverfahrens. Dadurch wird eine größere Sicherheit in Bezug auf die Vollständigkeit des Tests geschaffen.

Verbesserte Performancetests

Die Zeiten als Leistungsdaten manuell mit der Stoppuhr gesammelt wurden, gehören seit der Einführung von Testwerkzeugen der Vergangenheit an. Die manuelle Ausführung war nicht nur arbeitsintensiv, sondern stark fehleranfällig und ermöglichte keine automatische Wiederholung (vgl. [DuRP00], S. 45). Mit Werkzeugen für Performancetests werden Systemfunktionen automatisiert getestet und anschließend Zahlen und Kurven über Zeitwerte ausgegeben und die Engpässe dargestellt. Ein weiterer Vorteil des Einsatzes von Testwerkzeugen zur Performancemessung ist die Minimierung der eingesetzten Rechner und Personen zur Durchführung einer Vielzahl von Tests. Mit einem automatisierten Performancetest können nicht nur viele manuelle Tester ersetzt, sondern eine gleichbleibende Wiederholung der Tests ermöglicht werden. Zudem können anhand von Testdaten unterschiedliche Tests simuliert werden, um die Auswirkungen auf unterschiedliche Gegebenheiten zu testen. Das Ziel von Performancetests sollte im Nachweis der akzeptablen Reaktionszeiten unter realistischen Belastungen bestehen.

Mögliche Qualitätsmessung

Der Einsatz von Werkzeugen zur Testautomatisierung ermöglicht die Ausgabe von Metriken für die Qualität der Tests. Die Ergebnisse der automatisierten Tests lassen sich messen und analysieren und durch die Wiederholbarkeit von Tests mit bereits ausgeführten Tests vergleichen. Diese Möglichkeiten bilden einen Vorteil zum manuellen Testen, bei dem es vorkommen kann, dass die beim ersten Durchgang unternommenen Schritte nicht identisch mit denen sind, wie beim zweiten Durchgang. Infolgedessen wird eine Qualitätsmessung ungenau und der Vergleich somit schwierig.

2.4.2.2 Verbesserung der Testqualität

Ein weiterer Grund für die Verwendung von Testautomatisierung ist die Steigerung der Tiefe und Breite der Tests. Die Vorteile, welche sich dadurch ergeben, werden nachfolgend dargestellt.

Verbesserte Regressionstests

Laut Definition (siehe Kapitel 2.2) ist ein Regressionstest die Wiederholung eines Tests an einer modifizierten Software. Dabei wird das Ziel verfolgt, sicherzustellen, dass die bereitgestellte Funktionalität die Spezifikationen erfüllen und keine Fehler durch Änderungen in der Software entstehen. Ein Testautomatisierungswerkzeug ermöglicht einfachere Regressionstests durch die gleichbleibende Wiederholung eines Tests. Auf diese Weise kann gewährleistet werden, dass sich keine Fehler durch die Änderung der Software eingeschlichen haben. Ein ausführlicher Regressionstest ist normalerweise langwierig und zäh und deshalb anfällig für menschliche Fehler (vgl. [DuRP00], S. 53). Aus diesem Grund sollte bei dieser Art von Tests die manuelle Prüfung durch den automatisierten Test ergänzt bzw. ersetzt werden. Der Test durchläuft automatisch jeden Schritt, der sonst manuell durchgeführt worden wäre, und verringert so den Testaufwand (vgl. [FeGr99], S. 9).

Testen der Softwarekonfigurationen

Ein weiteres Beispiel für die Vorteile, die sich durch die Wiederverwendung von automatisierten Tests ergeben, findet sich im verbesserten Testen der Softwarekonfigurationen (vgl. [DuRP00], S. 54). Durch Aktualisierungen und Implementierungen neuer Versionen können unerwartete Kompatibilitätsprobleme in der aktuellen Software entstehen. Die Ausführung automatisierter Testskripts nach Updates einer Software kann sicherstellen, dass aktuelle Anwendungen fehlerfrei funktionieren.

Ausführung einfacher Tests

Die Wiederholung von Tests mit immer gleichbleibenden Schritten führt zwangsweise zur Monotonie in der Ausführung der Arbeit. Diese wiederum hat negative Auswirkungen auf Tester, die aufgrund der monotonen Testschritte, die Testarbeit vernachlässigen könnten. Nach vielen erfolgreichen Tests besteht das Risiko, dass sie einige auslassen in der Hoffnung, dass die Software trotzdem richtig funktioniert. Auf diese Weise bleibt der ein oder andere Fehler unentdeckt (vgl. [DuRP00], S. 54). Die Verwendung der Automatisierung lohnt sich bei einfachen Tests, da ein Testskript die monotonen Schritte immer ausführt und anschließend die Ergebnisse prüft (vgl. [DuRP00], S. 55).

Durchführung von Tests, die mit manuellen Verfahren nicht möglich sind

Die immer größer werdende Komplexität von modernen Softwaresystemen stellt viele Tester vor große Herausforderungen. Die Prozesse und Testanforderungen sind teilweise so komplex, dass manuelles Testen nicht alle gewünschten Tests unterstützen kann. So lassen sich viele Arten der Testanalyse manuell nicht durchführen (vgl. [FeGr99], S. 9), weil zum Beispiel gegen die Logik der Anwendung geprüft werden soll. Dabei sollen die GUI- und API-Tests dasselbe Ergebnis liefern. Jedoch sind API-Tests manuell nicht durchführbar, weshalb eine Automatisierung unausweichlich wird.

Reproduktion von Fehlern

Wie bereits beschrieben sollen Softwaretests Fehler in der Anwendung aufdecken, damit Entwickler sie beseitigen können. Jedoch kommt es beim manuellen Testen des Öfteren vor, dass der Tester auf einen Fehler stößt, diesen aber nicht reproduzieren kann. Aus welchem Grund die Lokalisierung des Fehlers und die Ursachenfindung schwierig sind. Mit einem Testautomatisierungswerkzeug werden einzelne Schritte in einem Testskript aufgezeichnet und können anschließend mehrmals ausgeführt werden. Sollten bei der Ausführung eines Testskripts Fehler auftreten, so werden sie bei weiteren Ausführungen in Kombination mit gleichen Daten reproduzierbar auftreten.

Tests außerhalb der Arbeitszeit

Ein weiterer Vorteil der Testautomatisierung ist der variable Startzeitpunkt zur Ausführung von Testskripten. Der Tester kann um 8 Uhr morgens die auszuführenden Testskripte auswählen und den Ausführungszeitpunkt auf 10 Uhr abends legen. Am nächsten Morgen kann er die Ergebnisse im Testprotokoll durchsehen, analysieren und weitere Schritte einleiten.

[FeGr99] und [DuRP00] empfehlen die Startzeitpunkte zur Durchführung von Testskripten auf Tageszeiten zu legen, an denen wenig Auslastung am Gesamtsystem stattfindet. Diese Zeitpunkte können unter anderem der Beginn der Mittagspause oder kurz vor Feierabend sein. Dadurch können das System und die Arbeitszeit optimal genutzt werden.

2.4.2.3 Verringerung des Testaufwands und Minimierung des Zeitplans

Wie in Kapitel 2.4 erläutert wurde, führt die Testautomatisierung nicht unmittelbar zur Reduzierung des Testaufwands. Mit der Einführung eines Testautomatisierungswerkzeugs kann er aufgrund der Einrichtung und Einarbeitung sogar zunehmen. Auch die Entwicklung eines Testplans wird wegen der detaillierten Beschreibung des Testprozesses den Aufwand zunehmen lassen, durch die Wiederverwendbarkeit der Tests wird aber bereits nach wenigen Testdurchläufen ein Mehrwert sichtbar (vgl. [INET05]). „Die Verwendung eines automatisierten Testwerkzeugs kann sowohl den Testaufwand als auch den Testzeitplan reduzieren" [DuRP00].

Die Aufwandsunterschiede zwischen dem manuellen und dem automatisierten Testen können in der Gesamtbetrachtung eines Testprozesses enorm sein. Laut [DuRP00] können mit Hilfe von Testwerkzeugen über 70% der Personenstunden, die das manuelle Testen benötigt, eingespart werden. Dabei sind die Einsparungen nicht in allen Testaktivitäten zu beobachten. Die stärkste Verringerung des Testaufwands wird in der Phase der Testausführung deutlich. Die Tätigkeiten, wie z.B. die Durchführung der Tests, die Analyse der Ergebnisse und das Erstellen von Testberichten, benötigen in der automatisierten Ausführung bis zu siebenmal weniger Arbeit. Die Unterschiede des manuellen und automatisierten Testens nach 1750 Testläufen und 700 Fehlern werden in der Tabelle 3.1 deutlich.

Testschritte	Manuelle Tests (in Std.)	Automatisierte Tests (in Std.)	Prozentsatz der Verbesserung mit Werkzeugen
Entwicklung des Testplans	32	40	-25%
Entwicklung von Testverfahren	262	117	55%
Testausführung	466	23	95%
Analyse der Testergebnisse	117	58	50%
Berichterstellung	96	16	83%
Gesamtdauer	973	254	74%

Tabelle 2.2 Manuelles und automatisiertes Testen im Vergleich[2] (vgl. [DuRP00], S. 58)

Erstellung eines Testplans

---

[2] Die hier dargestellten Werte sind einer geleisteten Forschungsarbeit der Firma imbus GmbH entnommen. Dabei führte das Unternehmen in Zusammenarbeit mit dem European Systems and Software Initiative (ESSI) der Europäischen Kommission ein Experiment zur Prozessverbesserung durch automatisiertes Testen grafischer Benutzerschnittstellen durch.

Die Erstellung eines Testplans ist für den gesamten Testprozess von hoher Bedeutung. Alle wichtigen Aspekte des Testprozesses müssen durchdacht werden, bevor die eigentliche Erstellung der Testskripte beginnt. Die zu testende Anwendung muss vollständig auf die Kompatibilität mit dem Testwerkzeug untersucht werden, um zu ermitteln, welche Komponenten und Prozessschritte automatisiert werden können. Weiterhin sollte ein Plan mit allen möglichen Varianten der Testfälle und der dazu benötigten Testdaten skizziert werden. Außerdem müssen Standards definiert werden, damit Skripte direkt bei der Erstellung modular und wiederverwendbar gestaltet werden. Diese und weitere Schritte[3] sind notwendig, damit die Testautomatisierung erfolgreich und gewinnbringend eingesetzt werden kann. Die sorgfältige und detaillierte Planung hat zur Folge, dass der Testaufwand für das automatisierte Testen wesentlich höher ist als beim manuellen Testen.

Erstellung von Testverfahren

Die manuelle Erstellung und Wartung von Testverfahren ist ein mühsamer, teurer und zeitaufwändiger Vorgang (vgl. [DuRP00], S. 59). Änderungen einer Software können zur Anpassung vorhandener Testverfahren bzw. zur Erstellung neuer Testverfahren führen. Dazu müssen zunächst die zu ändernden Testverfahren identifiziert werden, bevor im nächsten Schritt die Anpassungen der Tests geschehen können. Moderne Werkzeuge können den Tester bei diesen Tätigkeiten unterstützen. Testverfahren können mit speziellen Programmen in wenigen Schritten generiert werden (vgl. [DuRP00], S. 98). Andere Programme, wie z.B. der Business Process Change Analyzer[4] (BPCA), erkennen Änderungen an der Software und können Informationen über den benötigten Testaufwand zur Beseitigung der Konflikte geben. Der Testaufwand bei der Erstellung von Testverfahren kann durch die Verwendung von Werkzeugen deutlich verringert werden (siehe Tabelle 3.1).

Testausführung

Wie bereits erwähnt ist die manuelle Durchführung von Tests arbeitsintensiv und fehleranfällig. Mit der Verwendung von Testautomatisierungswerkzeugen werden bei dieser Tätigkeit die größten Einsparungen an Arbeits- und Zeitaufwand sichtbar (siehe Tabelle 3.1). Im Idealfall muss der Tester die Testskripte lediglich starten und das Testwerkzeug kann unbeaufsichtigt arbeiten. Es ist sogar möglich die Tests zu einer bestimmten Zeit beginnen zu lassen (siehe Kapitel „Verbesserung der Testqualität"), um Ressourcen schonend und sinnvoll auszunutzen. Außerdem ermöglicht die Wiederwendung der Tests die Ausführung der Skripte mit gleichbleibender Testqualität.

Analyse der Testergebnisse

Testautomatisierungswerkzeuge besitzen im Allgemeinen die Funktionalität Protokolle für durchgeführte Tests zu erstellen. Dabei werden die Ergebnisse in Form von Ampelsignalen ausgegeben, bei denen grüne Ausgaben bestanden und rote das Gegenteil bedeuten. Manche Werkzeuge geben bei fehlgeschlagener Funktionalität eine Fehlerbeschreibung aus und erzeugen Screenshots von der Fehlerstelle. Anhand dieser Informationen werden die Fehleranalyse und der Vergleich mit Originaldaten erleichtert.

---

[3] Eine detaillierte Beschreibung zur Erstellung eines Testplans ist im Kapitel 6 des Buches „Software automatisch testen" gegeben.
[4] In Kapitel 7 des Buches „SAP Solution Manager" wird der Business Process Change Analyzer ausführlich beschrieben.

Berichterstellung

Testwerkzeuge können mit den Testergebnissen und zusätzlichen Eingaben der Tester Berichte für einen maßgeschneiderten Bedarf in kurzer Zeit erstellen und den Arbeits- und Zeitaufwand stark reduzieren.

2.4.3 Testwerkzeuge

Mit der Verwendung von Testwerkzeugen kann die Qualität der Software und des Testens verbessert und zudem eine erhebliche Verringerung des Arbeits- und Zeitaufwands im Testprozess bewirkt werden. Bevor jedoch willkürlich Werkzeuge, die den Arbeitsalltag vereinfachen sollen, in das Unternehmen eingeführt werden, aber keine Verwendung finden, sollte eine ausführliche Analyse des Bedarfs durchgeführt werden, anhand deren Ergebnissen die Auswahl von geeigneten Testwerkzeugen getroffen wird. Die Entscheidung, welche Arten von Werkzeugen nutzbringend eingesetzt werden können, gehört zu den grundlegenden Überlegungen von Projekten (vgl. [HeTr09], S. 65) und sollte während der Erstellung des Testplans getroffen werden.

Laut [SpLi08], [HeTr09] und [DuRP00] werden nahezu alle Verfahrensweisen und Methoden von entsprechenden Werkzeugen unterstützt oder automatisiert. Unterschiedliche Aktivitäten oder Phasen des Testprozesses erfordern jedoch verschiedene Werkzeugarten, um die gewünschten Tätigkeiten durchführen zu können. Nur in den seltensten Fällen wird das gesamte Sortiment an Testwerkzeugen in einem Projekt benötigt. Nachfolgend werden Werkzeuge, die unter anderem bei der Durchführung der Analyse (siehe Kapitel 5) verwendet wurden, für diese Anwendungsfälle gezeigt.

Testmanagement

Testmanagementwerkzeuge, wie die Test Workbench im SAP Solution Manager (siehe Kapitel 3), ermöglichen die Planung, Durchführung und Auswertung von Tests und bilden mit ihrem breitgefächerten Leistungsumfang ein Fundament für den Testprozess. Üblicherweise werden mit einem Testmanagementwerkzeug folgende Anwendungsbereiche unterstützt.

- **Verwaltung von Testfällen:** Werkzeuge für das Testmanagement sollten die geordnete Ablage von manuellen und automatisierten Testfällen erlauben und unabhängig von der Testdurchführung die zentrale Speicherung der Testfälle ermöglichen (vgl. [SONS01]). Außerdem sollten eine Sortierfunktion, nach Thema oder Ausführungsreihenfolge, und Dokumentvorlagen bereitgestellt werden.
- **Testplanung und -durchführung:** Die Testplanung kann durch die Verwendung von Werkzeugen insofern unterstützt werden, indem erstellte Testfälle für eine bestimmte Teststufe ausgewählt und einzelnen Testern zugewiesen werden. Die Tester können die ihnen zugewiesenen Testfälle abarbeiten und dabei deren Status erfassen und den Testverlauf entsprechend dokumentieren.
- **Fehlermanagement:** Die während der Testdurchführung entstandenen Fehlermeldungen sollten sofort und ohne Medienbrüche erfasst werden können. Testmanagementwerkzeuge stellen hierzu die Funktionalität eines Service Desks bereit, in dem das Abbilden eines individuellen Fehlerbehebungsprozesses ermöglicht werden sollte.
- **Reporting:** Die durch Tester erzeugten und im Fehlermanagement erfassten Daten können für ein effektives Reporting verwendet werden, um die Datenbasis für eine

Analyse zu schaffen und eine kontinuierliche Verbesserung des Testprozesses zu ermöglichen.

Änderungsanalyse

Wie das Kapitel „Notwendigkeit von Tests" dargestellt hat, können Änderungen eines Systems,
seien es z.B. Änderungen im Customizing oder das Einspielen von Support Packages, die Funktionalität von Geschäftsprozessen beeinträchtigen. Mit einem Regressionstest kann sichergestellt werden, dass die Änderung keine negativen Auswirkungen auf die Kernprozesse hat.
Die Auswahl der dazu notwendigen Testfälle kann durch Werkzeuge der Änderungsanalyse,
wie z.B. dem bereits erwähnten Business Process Change Analyzer, unterstützt werden.

Testautomatisierung

Testautomatisierungswerkzeuge, auch Testroboter genannt, wie z.B. HP QuickTest Professional
(siehe Kapitel 5), ermöglichen das automatische Abspielen von Testfällen und ersetzen auf
diese Weise das manuelle Testen. Die Erstellung von solchen Tests erfolgt typischerweise nach
dem Capture-and-replay-Verfahren, d.h. der Testroboter erfasst bei der Testdurchführung die
Eingaben, Mausklicks und Angaben des Benutzers und speichert diese als ein Testskript (vgl.
[Fran07], S. 213). Ein solches Skript kann bearbeitet werden, um z.B. durch Parametrisierung
unterschiedliche Testdaten abspielen zu können. Die Funktionalität moderner Werkzeuge geht
noch weiter und ermöglicht mit der Programmierung von Befehlen, meist in Form von Skript-
sprachen, tiefergehende Prüfanweisungen oder eine tiefergehende Ablauflogik. Hersteller-
spezifische Werkzeuge, wie z.B. eCATT von SAP, bieten hier weiteren Mehrwert, indem durch
Befehle der direkte Zugriff auf die Datenbank erlaubt oder die Ausführung von Skripten auf
dem Applikationsserver ermöglicht wird.

3   SAP Solution Manager

Werkzeuge können den Arbeitsalltag des Anwenders wesentlich erleichtern und mehr Qualität in die Bearbeitung von Aufgaben bringen. Die in Kapitel 2.4 beschriebenen Werkzeugarten bilden nur einen Bruchteil dessen, was moderne Werkzeuge leisten können. Mit dem SAP Solution Manager bringt SAP eine Lösung auf den Markt, die den kompletten Lebenszyklus einer Anwendung, von der Planung über den Betrieb bis zur kontinuierlichen Verbesserung, abdeckt.

In diesem Kapitel wird das Konzept des SAP Solution Managers und das Modell „Application Lifecycle Management" (ALM) vorgestellt, nach dessen Prinzip die Prozesse im SAP Solution Manager abgebildet werden. Weiterhin werden die Abläufe des Testmanagementprozesses im SAP Solution Manager beschrieben und abschließend die drei Testoptionen kurz dargestellt.

3.1   Allgemeines Konzept

Der SAP Solution Manager ist die zentrale Lösung für den Application-Management-Lebenszyklus und den Betrieb von Softwarelösungen (vgl. [INET03]). Er unterstützt heterogene Systemumgebungen von der Implementierung über die Produktivsetzung und den Betrieb bis hin zur kontinuierlichen Verbesserung von Anwendungen. Mit der Kombination von Werkzeugen und Inhalten kann die Zuverlässigkeit und Stabilität von Anwendungen erhöht und die Gesamtbetriebskosten verringert werden (vgl. [ScMe11], S. 29). Um dies zu ermöglichen, unterstützt der SAP Solution Manager den gesamten Lebenszyklus einer Anwendung, der nach dem Modell der IT Infrastructure Library (ITIL) dargestellt wird. Application Management ist ein umfassender Unterstützungsansatz in der Anwendungsumgebung, der in den folgenden Phasen den gesamten Lebenszyklus von IT-Lösungen abdeckt (siehe Abbildung 3.1):

- **Anforderungen (Requirements):** Sammlung der Anforderungen für neue Anwendungen
- **Entwurf (Design):** Umwandlung der Anforderungen in detaillierte Spezifikation
- **Implementierung und Test (Build & Test):** Anwendungskonfiguration und Erstellung eines Organisationsmodells gemäß den Spezifikationen
- **Auslieferung (Deploy):** Überführung des Betriebsmodells und der Änderungen in die bestehende produktive IT-Landschaft
- **Betrieb (Operate):** Bereitstellung der IT-Services, die für den fortlaufenden Betrieb erforderlich sind
- **Optimierung (Optimize):** Analyse der Erfüllung von Service-Levels und gegebenenfalls Start von Aktivitäten, um die Ergebnisse zu verbessern

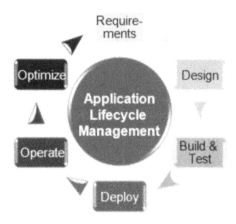

Abbildung 3.1 Application Lifecycle Management (vgl. [HeTr09], S. 137)

3.1.1 Änderungen in Projekten implementieren

Ein Projekt im SAP Solution Manager dient der Gruppierung und Organisation von Geschäfts-
aufgaben, technischen Aufgaben und Organisationsaufgaben, die bei der Implementierung von
SAP-Software in einem Unternehmen entstehen. Innerhalb eines Einführungsprojekts werden
Aufgaben nach einem Projektplan und einer Roadmap strukturiert durchgeführt. Die bereits in
Kapitel 2.2 vorgestellte ASAP-Methode dient als Vorlage zur Durchführung von Projekten im
SAP Solution Manager. Diese beginnt mit der Projektvorbereitung und schließt das Projekt in
der Produktivstartphase ab.

Bezogen auf das Modell „Application-Lifecycle-Management" deckt ein Projekt die drei Phasen
Anforderungen, Entwurf und Implementierung und Test ab und legt somit einen wesentlichen
Grundstein für die Auslieferungsphase. Hier werden alle während des Projekts gesammelten
Informationen zu einer Lösung übernommen und in die bestehende produktive IT-Landschaft
übertragen.

Laut [HeTr09] und [ScMe11] ergeben sich durch die Verwendung des SAP Solution Managers
für Projekte folgende Vorteile:

- Projekte werden strukturiert und systematisch durchgeführt
- Der prozessorientierte Ansatz ist unabhängig von einzelnen Anwendungen und Komponenten, wodurch eine umfassendere Sicht auf die Prozessabläufe in heterogenen Systemlandschaften ermöglicht wird.
- Kein Informationsverlust zwischen den Projektphasen – Wiederwendung des Inhalts
  durch den gesamten Softwarelebenszyklus
- Der SAP Solution Manager stellt ein zentrales Repository für Lösungen dar - Dokumentation, Testfälle und Konfigurationsinformationen sind in einer Anwendung gebündelt

Aus Sicht des Lebenszyklus deckt ein Projekt im SAP Solution Manager die Phasen von der
Anforderung bis hin zur Vorbereitung des Produktivstarts (Auslieferung) ab. Dabei können
große Projekte, wie beispielsweise ein Upgrade, aber auch kleine Änderungen, die beim Durchlaufen eines Wartungszyklus umgesetzt werden, zum Umfang gehören.

3.1.2 Lösungen effizient betreiben

Nachdem ein Projekt erfolgreich in die Auslieferungsphase überführt wurde, entsteht während des Betriebs die Herausforderung, das gesammelte Wissen zu bewahren und aktuell zu halten. Beim Überführen eines Projekts in die produktive IT-Landschaft werden alle im Projekt gesammelten Informationen in eine Lösung übertragen. Somit enthält eine Lösung im SAP Solution Manager alle Informationen über Systeme, Softwarekomponenten und Geschäftsprozesse, die beim Betrieb und bei der Optimierung der Lösung benötigt werden. Auf diese Weise sind nach Abschluss eines Projekts alle Informationen trotzdem verfügbar.

Damit die Investitionen eines Projekts sich auszahlen, sollte sich die Betriebsdauer einer Lösung grundsätzlich über einen längeren Zeitraum als die Projektdauer erstrecken. „Ein erfolgreicher Betrieb steht und fällt daher mit der Integration der Lösung" [ScMe11].

Folgende Vorteile des Lösungskonzepts ergeben sich laut [HeTr09] und [ScMe11]:

- Strukturen der Geschäftsprozesse werden direkt in die Lösung übertragen
- Vorgenommene Änderungen können mit Testfällen der jeweiligen Struktur geprüft werden
- Aus Projekten übernommene Informationen können in der Lösung für E-Learning wiederverwendet werden.
- Die Lösung verfügt über dieselbe Systemlandschaft wie das Projekt
- Grafiken können nach Microsoft Office oder HTML exportiert werden

Die Lösung im SAP Solution Manager deckt aus Sicht des Application-Management-Lebenszyklus die Phasen von der Auslieferung über Betrieb bis hin zur Optimierung ab.

3.1.3 Prozesse im SAP Solution Manager

Für die effektive Implementierung von Änderungen im SAP Solution Manager sieht SAP die Erstellung von Projekten vor, die in den entsprechenden Phasen des Lebenszyklus zu Lösungen überführt werden. Um einen effizienten Betrieb der Lösungen zu ermöglichen, ist die fortlaufende Anpassung bzw. Verbesserung der Lösungen notwendig. Der SAP Solution Manager wird entlang von zwölf Prozessen organisiert, um die genannten Phasen des Application Managements abzudecken und Funktionen bereitzustellen, die den Anwender bei der Umsetzung der Aufgaben unterstützen. Nachfolgend wird ein kurzer Überblick der Prozesse nach [ScMe11] gegeben:

- **Lösungsdokumentation:** Die Lösungsdokumentation ist eines der wichtigsten Prozesse im SAP Solution Manager, denn sie bildet mit der Dokumentation der technischen Landschaft und der Geschäftsprozessdokumentation die Grundlage für alle anderen Funktionen des SAP Solution Managers. Hier werden die technischen Komponenten von SAP selbst als auch von anderen Anbietern beschrieben, aber auch Kerngeschäftsprozesse und die Schnittstellen des Kunden werden in der Dokumentation abgebildet. Sie umfasst außerdem die Dokumentation von benutzerdefiniertem Code und von Änderungen sowie Verweise auf unterstützende technische Objekte.
- **Lösungsimplementierung:** Dieser Prozess umfasst die Ermittlung, Anpassung und Implementierung von neuen und verbesserten Geschäfts- und Technikszenarien und nutzt den SAP Solution Manager, um innerhalb der Systemlandschaft Innovationen zu implementieren.

- **Vorlagenmanagement:** Das Vorlagenmanagement umfasst die Vorlagendefinition, -implementierung und -optimierung, damit Kunden ihre Geschäftsprozesse auch auf mehreren SAP-Installationen effizient verwalten können.
- **Testmanagement:** Dieser Prozess sieht die Definition von Anforderungen für Testfälle sowie den Testumfang vor. Darüber hinaus werden hier automatisierte und manuelle Tests entwickelt, Tester verwaltet und Berichte über den Testfortschritt und die Test-ergebnisse erstellt.
- **Verwaltung der Änderungskontrolle:** Verwaltung von Änderungen, mit denen die Lösung in betriebswirtschaftlicher oder technologischer Hinsicht verbessert werden soll. Funktionen unterstützen den Anwender dabei, Risiken optimal zu verwalten und eine technische und funktionale Stabilität sicherzustellen.
- **Technischer Betrieb:** Der Prozess „technischer Betrieb" ermöglicht mit seinen Funktionen die Überwachung, Benachrichtigung, Analyse und Administration von SAP-Lösungen.
- **Betrieb von Geschäftsprozessen:** Hier werden die Aspekte für den reibungslosen und zuverlässigen Ablauf der Kerngeschäftsprozesse hinterlegt und damit eine Erfüllung der Geschäftsanforderungen sichergestellt.
- **Application Incident Management:** Alle Störungs- und Problemmeldungen aus unterschiedlichen Organisationsebenen werden hier zentral und gemeinsam verarbeitet. Der Prozess ist in alle Prozesse des SAP Solution Manager und in alle Lösungen der SAP Business Suite integriert und umfasst Folgeaktivitäten wie Wissensrecherche und Ursachenanalyse.
- **Wartungsmanagement:** Das Wartungsmanagement umfasst Pakete für die Software-korrektur von der Identifizierung und Bereitstellung bis hin zur Optimierung des Testumfangs.
- **Upgrade-Management:** Dieser Prozess ermöglicht eine bessere Handhabung der wesentlichen technischen Risiken und Herausforderungen bei einem Upgrade-Projekt, damit Upgrade-Projekte für die geschäftliche Seite möglichst gar nicht spürbar sind.
- **Landscape Transformation Management:** Geschäfts- und IT-Transformationen, wie beispielsweise bei Firmenfusionen, können mithilfe dieses Prozesses beschleunigt werden. Weiterhin können komplexe betriebswirtschaftliche Anforderungen über standardisierte Transformationslösungen geplant, strukturiert und durchgeführt werden.
- **Custom Code Management:** Mit Werkzeugen und Methoden können kundeneigene Entwicklungen analysiert werden, um entscheiden zu können, ob der Einsatz von Standardsoftware effektiver und kosteneffizierter ist, als kundeneigene Entwicklungen.

3.2 Der Prozess „Testmanagement"

Wie im vorhergehenden Abschnitt bereits erwähnt wurde, ist das Thema „Testen" ein wichtiger Bestandteil des Application Lifecycle Managements und gehört daher zum Konzept des SAP Solution Managers. Mit dem Prozess „Testmanagement" werden alle Testaktivitäten im SAP Solution Manager abgedeckt, beginnend mit der Planung der Testfälle bis zur abschließenden Durchführung der Tests. Wie groß der Testumfang einer Lösung ausfällt, ist allerdings von der Art der durchgeführten Änderungen abhängig (siehe Abbildung 3.2). Hier wird zwischen der Implementierung einer neuen SAP-Lösung und der Änderungen an vorhandenen SAP-Lösungen, wie beispielsweise das Einspielen eines Support-Packages, unterschieden.

Bei der Implementierung einer neuen SAP-Lösung oder der Modellierung weiterer Geschäfts-prozesse, ist die Ergänzung der Geschäftsprozesshierarchie in der Lösungsdokumentation zu empfehlen. Auf diese Weise können den Komponenten Tests direkt zugewiesen und der Testumfang besser bestimmt werden. Sollen hingegen Änderungen an technischen SAP-Objekten vorgenommen werden, ist die Änderungseinfluss-Analyse durchzuführen. Damit können Auswirkungen auf wichtige Geschäftsprozesse aufgedeckt und daraus ein geeigneter Testplan abgeleitet werden.

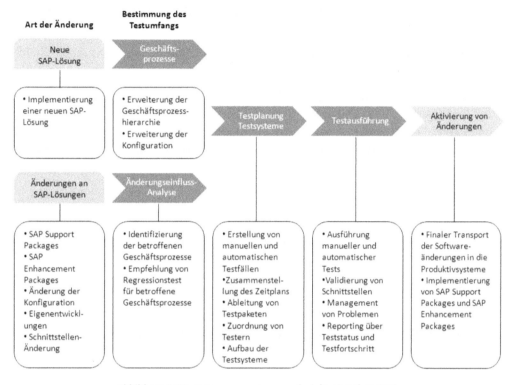

Abbildung 3.2 Testmanagementprozess (vgl. [ScMe11], S. 232)

Die Testplanung besteht in erster Linie aus der Erstellung der notwendigen Testfälle, die den entsprechenden Geschäftsprozessen zugeordnet werden können. Erstellt werden entweder manuelle Tests, bei denen der Ablauf und erwartete Ergebnisse ausführlich beschrieben werden sollten, oder durch SAP- oder Partner-Testwerkzeuge automatisierte Tests, die den manuellen Testablauf ergänzen bzw. ersetzen. Ein umfassender Testplan wird nach einem konkreten Testzyklus aufgebaut. Hierfür ist zunächst die Bestimmung des Testumfangs notwendig, um für die Testdurchführung geeignete Testfälle ableiten zu können. Diese werden in einem Testplan zusammengefasst, der wiederrum in kleinere Testpakete untergliedert wird. Die Testpakete können dann den entsprechenden Testern direkt zugeordnet werden, um somit dem Testmanager die Koordination der Testaufgaben zu erleichtern.

Damit die erstellten Testfälle auf den geänderten Funktionen ausgeführt werden können, ist es zunächst notwendig, dass alle Softwareänderungen in das Testsystem transportiert werden. Darüber hinaus ist für die Bereitstellung geeigneter Testdaten im Testsystem zu sorgen, um alle zu testenden Geschäftsprozesse mit realistischen Varianten auszuführen.

Nachdem alle bei der Testplanung notwendigen Aufgaben umgesetzt wurden, kann die Ausführung der manuellen und automatischen Tests durch die Tester erfolgen. Um einen zuverlässigen Betrieb der geänderten Komponenten und Systeme gewährleisten zu können, werden neben den funktionalen Tests zusätzlich Performance- und Lasttests durchgeführt. Wenn während der Tests Fehler auftreten, können diese direkt über Problemmeldungen erfasst und von Entwicklern analysiert werden. Nach Beseitigung der Fehler werden die Korrekturen nachgetestet. Mit dem Reporting liefert der SAP Solution Manager einen Überblick über den jeweils aktuellen Stand der Aktivitäten, der offenen Problemmeldungen und der noch abzuarbeitenden Testpakete.

3.3 Optionen für Testwerkzeuge

Um den dargestellten Ablauf des Testmanagementprozesses zu ermöglichen, unterstützt der SAP Solution Manager den Anwender mit seinen Funktionen während des gesamten Prozesses. In der neuen Version bringt er drei differente Optionen für die Organisation und Durchführung verschiedener Testarten mit. Dabei stehen dem Anwender neben den SAP- auch Nicht-SAP-Testwerkzeuge zur Verfügung (Abbildung 3.2). Nachfolgend werden diese drei Testoptionen vorgestellt.

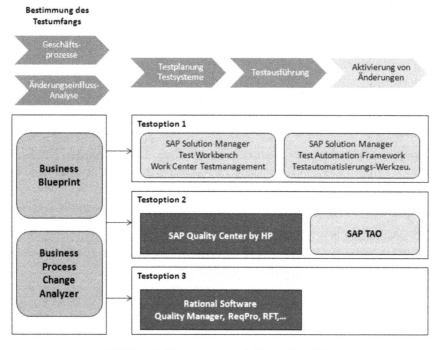

Abbildung 3.3 Testoptionen (vgl. [ScMe11], S. 234)

Testoption 1

Die Test Workbench (TWB) ist im SAP Solution Manager die zentrale Anlaufstelle für die Organisation und Durchführung von Tests. Während im integrierten Business Blueprint die Definition und Dokumentation der Geschäftsprozesse erfolgt, kann der Business Process Change Analyser alle am Projekt vorgenommenen Änderungen identifizieren (vgl. [ScMe11], S. 237) und über die TWB-Integration einen Testplan erzeugen. Um die Möglichkeiten der Testautomatisierung zu erweitern, können mit dem Test Automation Framework neben dem eCATT zusätzliche Testwerkzeuge (z.B. HP QuickTest

Professional) integriert werden. Die Verwaltung von Problemmeldungen im Service Desk und ein umfangreiches Reporting runden die Funktionen der Testoption 1 ab. Im Gegensatz zu den anderen Optionen kann nahezu der komplette Testprozess in der Option 1 abgebildet werden.

Testoption 2

Die Definition und Dokumentation der Geschäftsprozesse erfolgt über den Business Blueprint des SAP Solution Managers, während eine Schnittstelle für den Transport der Geschäftsprozesshierarchie und der Links auf die Prozessanforderungen an das Requirements-Modul von SAP Quality Center by HP sorgt. Wie bei der Testoption 1 kann der BPCA für die Ermittlung der von Softwareänderungen betroffenen Geschäftsprozesse verwendet werden. Der SAP Quality Center by HP unterstützt den Anwender bei der Verwaltung seiner Tests sowie bei der Planung und Ausführung der Testzyklen. Automatisierte Tests werde mit dem Modul HP QuickTest Professional aus dem SAP Quality Center by HP erstellt und ausgeführt. Zusätzlich kann mit der Anwendung SAP Test Acceleration and Optimization eine schnellere und einfachere Erstellung automatisierter Tests erreicht werden. Die Verwaltung von Problemen während der Testphase, das umfangreiche Berichtswesen und die Möglichkeit, Dashboards für das Management zu erstellen, runden das SAP Quality Center by HP ab. Alle Testergebnisse und Problemmeldungen können über die Schnittstelle an den SAP Solution Manager übermittelt werden, damit Support-Mitarbeiter an der Problemlösung arbeiten können. Außerdem kann der Projektleiter durch diese Integration Berichte im SAP Solution Manager aufrufen und die Testergebnisse im Zusammenhang mit dem Status der Implementierung darstellen.

Testoption 3

Mit dem SAP Solution Manager 7.1 wird eine neue zusätzliche Testoption angeboten, die SAP Solution Manager-Module mit IBM Rational-Modulen integriert. Wie auch bei den ersten beiden Testoptionen werden für die Erstellung der Geschäftsprozesse bzw. Identifikation der Änderungen sowohl der Business Blueprint als auch der BPCA eingesetzt. Für alle weiteren Aufgaben, wie Testorganisation, Aufbau der Tests sowie Verwaltung von Problemmeldungen, übernehmen die über eine neue Schnittstelle integrierten Module von IBM Rational. Die Testergebnisse können über die Schnittstelle an den SAP Solution Manager zurückgegeben werden.

4 Vorbereitungen der Analyse

4.1 Ziele der Untersuchung

Wie im Kontext des Kapitels 3.4 deutlich wird, stehen im neuen SAP Solution Manager unterschiedliche Testoptionen für die Organisation und Durchführung funktionaler Tests zur Verfügung. Durch die Vielzahl an SAP-eigener oder über Schnittstellen integrierbarer Nicht-SAP Werkzeuge ergeben sich viele Möglichkeiten im Testmanagement und der Testautomatisierung. Jedoch haben hohe Kosten der Testwerkzeuge, betriebliche Einsparmaßnahmen oder die große Anzahl benötigter Werkzeuge oft zur Folge, dass Unternehmen auf die Anschaffung von Testwerkzeugen verzichten und dementsprechend nicht alle Möglichkeiten des Testens ausnutzen. Mit der Testoption 1 wirkt SAP diesen Argumenten entgegen und erlaubt die komplette Abdeckung von Geschäftsprozessen im SAP Solution Manager (vgl. [ScMe11], S. 251).

Diese Arbeit soll die Machbarkeit der Testautomatisierung unter Testoption 1 untersuchen und unter Einbezug der neuen Funktionen und Erweiterungen die technischen Möglichkeiten der Testautomatisierung in heterogenen Systemen beschreiben. Hierzu ist eine ausführliche Untersuchung des neuen Test Automation Frameworks und der integrierten Testwerkzeuge notwendig. Das TAF erlaubt nicht nur den Einsatz SAP-eigener Testwerkzeuge, sondern ermöglicht eine nahezu nahtlose Integration der Partner- bzw. Drittanbieter-Werkzeuge (vgl. [ScMe11], S. 251 und 260). Hier gilt es die Integration des externen Testwerkzeugs HP QuickTest Professional sorgfältig zu analysieren und die gewonnenen Erkenntnisse darzulegen. Um den Funktionsumfang des TAFs und der daraus resultierenden Möglichkeiten zu zeigen, werden die Abläufe der Testerstellung und –ausführung und des anschließenden Reportings anhand eines beispielhaften Geschäftsprozesses gezeigt. Während der Beschreibung des Prozesses sollen mit Hilfe einer ereignisgesteuerten Prozesskette die Prozessschritte und die angewandten Systeme skizziert werden. Dabei steht nicht der Prozess, sondern die verwendete Technologie im Fokus der Untersuchung. Zusätzlich soll die Machbarkeit der Modulintegrationstests auf Fachebene und die Handhabbarkeit der Testwerkzeuge im Auge behalten werden.

4.2 Betrachtung der zu testenden Technologien

Das Customer-Relationship-Management (CRM), auch Kundenpflege genannt, ist zu einem wichtigen Bestandteil vieler Unternehmen geworden. Die große Konkurrenz und der hohe Preisdruck auf den Märkten zwingen viele Unternehmen zur Pflege und dem Weiterausbau der vorhandenen Kundenbeziehungen. Schließlich kann die kontinuierliche Kundenbindung an das eigene Unternehmen bis zu fünf Mal billiger sein, als die Gewinnung von Neukunden (vgl. [INET10]). Kundenseitig wird oftmals die Entscheidung über den Kauf eines Produkts nicht aufgrund des Preises getroffen, sondern über die mitgelieferten Leistungen. Der Service nimmt somit einen immer höher werdenden Stellenwert ein. Daher ist es umso wichtiger, dass alle Prozesse reibungslos funktionieren, um einen guten Service anbieten zu können.

4.2.1 Geschäftsprozess der Angebotserstellung

Der Geschäftsprozess der Angebotserstellung mit unterschiedlichen Anwendungen ist ein mögliches Anwendungsgebiet für die Prüfung der Modulintegration. Dieser erstreckt sich über die Teilprozesse der Anlagenerfassung, der Preiskalkulation bis zur endgültigen Erstellung des Angebotsdokuments (siehe Abbildung 4.1). Die integrierten Systeme unterstützen den Anwender bei jedem Prozessschritt und vervollständigen somit den Geschäftsprozess. Die grundlegenden Funktionen des Teilprozesses Anlagenerfassung lassen sich auf die Funktion der Neukundenerstellung reduzieren. Dabei werden neben den allgemeinen Daten, wie Adresse, Vertrieb und Kommunikation auch angebotsrelevante Daten im SAP CRM erfasst. Das SAP-System stellt im gesamten Geschäftsprozess die Basis für die Erfassung und Verwaltung von Kundendaten und muss somit die fehlerfreie Funktionsweise und die Anbindung weiterer Systeme gewährleisten. Die Preiskalkulation für Strom, Gas oder weitere Produkte wird anhand von Verbrauchsdaten in einem externen Kalkulationstool durchgeführt und mittels einer Schnittstelle an die SAP-Anwendung übertragen. Auf Grundlage der erfassten und kalkulierten Daten wird abschließend mit der externen VBA-Anwendung ein Angebotsdokument erstellt.

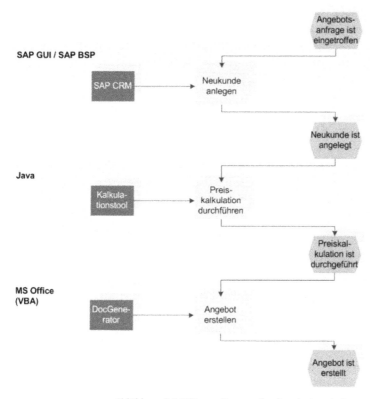

Abbildung 4.1 EPK zum Prozess der Angebotserstellung

Der beschriebene Geschäftsprozess ist ein stark vereinfachtes Beispiel eines Prozesses zur Angebotserstellung für Energieprodukte. Der Ablauf folgt der oben genannten Beschreibung, die eine weitere Unterteilung der Prozessschritte vorsieht. Die zu betrachtenden Objekte hierbei sind die angewandten Systeme, die den Anwender bei jedem Prozessschritt unterstützen und den Geschäftsprozess vervollständigen. Dabei übernehmen sie die Aufgaben der Kundenverwaltung, der Preiskalkulation und der Erstellung des Angebotsdokuments.

Wie zuvor erwähnt ist dieser Geschäftsprozess für rein exemplarische Zwecke gedacht und mit realer Angebotserstellung, aufgrund des benötigten Funktionsumfangs und der vielen Variationen in den genannten Prozessschritten, nicht zu vergleichen. Die Beschreibung des Geschäftsprozesses ist soweit erfolgt, dass die Integration der heterogenen Systeme mit den unterschiedlichen Technologien, die für die erfolgreiche Untersuchung von Nöten sind, gezeigt werden kann. Daher wurde bewusst auf die detaillierte Beschreibung des Geschäftsprozesses verzichtet.

4.2.2 Darstellung der Systeme und deren Technologien

Die im Geschäftsprozess erwähnten Anwendungen SAP CRM, Kalkulationstool und DocGenerator unterscheiden sich nicht nur in der Funktionsweise, sondern basieren auf unterschiedlichen Technologien. Während sich das CRM-System aus den SAP-Technologien SAP GUI (*SAP Graphical User Interface*) und SAP BSP (*Business Server Pages*) zusammensetzt, ist das Kalkulationstool in der Programmiersprache Java und die Anwendung DocGenerator in Visual Basic for Applications implementiert.

Aufgrund der Tatsache, dass das SAP-eigene Testwerkzeug eCATT nur das automatisierte Testen der SAP GUI ermöglicht (vgl. [INET11]), wird für die Testautomatisierung des oben beschriebenen Geschäftsprozesses mit heterogenen Systemen und Technologien ein weiteres Testwerkzeug benötigt. Da das SAP CRM-System den größten Teil des Tests darstellt, werden die dahinterstehenden Technologien zusammengefasst erklärt.

SAP CRM - SAP GUI und SAP BSP

SAP GUI ist die grafische Benutzeroberfläche eines SAP-Systems und stellt somit in einer Drei-Schichten-Architektur die Programmkomponente der Präsentationsschicht dar (vgl. [INET12]). Alle Bildschirmdarstellungen und Benutzerinteraktionen werden über das SAP GUI abwickelt. In dem oben beschriebenen Beispiel stellt das SAP GUI den Rahmen für die Benutzeroberfläche des SAP CRM-Systems dar. Während im SAP GUI gewöhnliche Benutzerinteraktionen, wie Eingabe der Transaktion, Navigation usw., durchgeführt werden können, stellen SAP BSPs die für das Anlegen eines Neukunden notwendigen Bildschirmdarstellungen bereit.

Business Server Pages sind eine von SAP entwickelte Technologie zur dynamischen Erzeugung von HTML- und XML-Ausgaben eines Webservers. In ABAP geschriebener Code und spezielle BSP-Aktionen können in statischen Inhalt eingebettet werden, mit dem Vorteil, dass die Logik unabhängig vom Design implementiert wird (vgl. [INET13]). Die dynamische Erzeugung von Objekten bringt viele Vor- und Nachteile mit sich. Unter anderem wird eine Vielzahl an Gestaltungsmöglichkeiten der Bildschirmdarstellungen ermöglicht, diese verzögert allerdings die Ausgabe der Objekte. Welche Auswirkungen die verschiedenen Objekte auf das Testen haben, wird die Analyse in Kapitel 5 ergeben.

Beide Technologien stellen viele Objekte zur Verfügung, die auch im SAP CRM-System ihren Einsatz finden. Dazu gehören beispielsweise Eingabefeld, Drop-Down, Auto-Complete, Button, Kontextmenü, Checkbox, Table-Control usw. Diese müssen auf ihre Testbarkeit mit den Testwerkzeugen untersucht werden.

Weitere Technologien und Anwendungen

Weitere wichtige Technologien bzw. Anwendungen, die im oben beschriebenen Geschäftsprozess zum Teil bzw. nicht zum Einsatz kommen, jedoch zusätzlich untersucht werden müssen, sind:

- Java
- Visual Basic for Applications
- SAP CRM Web UI

- ABAP Web Dynpro
- Microsoft Office Anwendungen
- Microsoft Windows Elemente

4.3 Grundsätzliches Konzept für die Testfallerstellung

Das grundsätzliche Konzept für den Test des Geschäftsprozesses besteht darin, die Testfälle so zu erstellen, dass die Prüfung sowohl der einzelnen Systeme als auch der reibungslosen Integration gewährleistet ist.

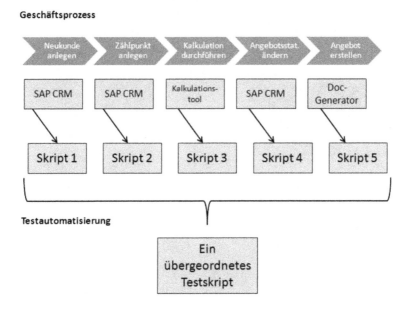

Abbildung 4.2 Modularisierung des Geschäftsprozesses Angebotserstellung

Prinzipiell kann der gesamte Geschäftsprozess in einem Testskript aufgezeichnet werden. Diese komplexeren Aufbauten von Skripten sollten jedoch vermieden werden, da sie die Wiederverwendbarkeit verhindern und durch die damit verbundenen Redundanzen aufwandsintensiv in der Wartung sind (vgl. [HeTr09], S. 421). Vielmehr ist es ratsam umfangreiche Testfälle in mehrere Teilskripte zu zerlegen, die durch ein Masterskript aufgerufen werden. Insofern wird der Geschäftsprozess in seine Bestandteile aufgeteilt und pro Bestandteil ein Skript erstellt. Da ein eCATT-Skript andere Skripte aufrufen kann, ist es möglich, eine ganze Sammlung wiederverwendbarer Skripte anzulegen. Die Wiederverwendung erfolgt dann in einem eCATT-Hauptskript (siehe Abbildung 4.2).

5 Analyse des Test Automation Frameworks

Mit der Version 7.1 des SAP Solution Managers wurden in den Bereichen Testmanagement und Testautomatisierung viele Änderungen vorgenommen. Wie in Kapitel 3.3 bereits erwähnt wurde, stehen mit den drei Testoptionen komplett unterschiedliche Ansätze für das Testen im SAP Solution Manager bereit. Während die beiden Testoptionen 2 und 3 auf den Einsatz von Drittanbieter-Anwendungen zielen, soll mit Testoption 1 der gesamte Testprozess im SAP Solution Manager abgebildet werden können (vgl. [ScMe11], S. 251). Dabei fungiert die Test Workbench mit ihrer umfangreichen Funktionalität als eine Verwaltungszentrale für alle Test-fälle, während das neue Test Automation Framework (TAF) die SAP-eigenen Testautomatisie-rungsfunktionen sinnvoll ergänzt. Mit der Integration eines externen Testwerkzeugs in das TAF wird das automatisierte Testen von sowohl SAP- als auch Nicht-SAP-Systemen ermöglicht.

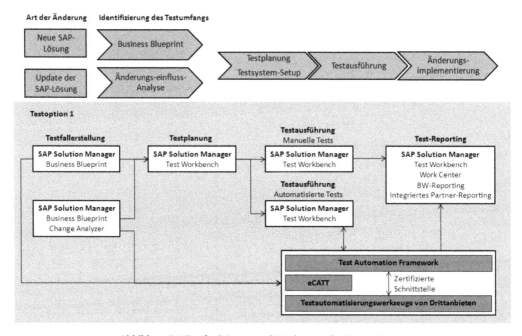

Abbildung 5.1 Testfunktionen und Werkzeuge der Testoption 1

Ausgehend von diesem Hintergrund setzt sich dieses Kapitel mit der Untersuchung der Testau-tomatisierung von heterogenen Systemen und Technologien mit dem Test Automation Frame-work auseinander. Um ein gutes Verständnis der Machbarkeitsstudie zu gewährleisten, wird anhand des in Kapitel 4 definierten Konzepts das Vorgehen beim Erstellen, Ausführen und Auswerten eines automatisierten Tests beschrieben. Hierbei findet eine Einführung in das TAF und eine Beschreibung der Voraussetzungen für das Testen mit einem externen Testwerkzeug statt. Anschließend wird das Erstellen und Ausführen eines Testskripts mit dem integrierten Testautomatisierungs-Werkzeugs HP QuickTest Professional (HP QTP) und die Verwaltung des Testskripts im TAF ausführlich beschrieben. Als letzter Punkt werden die Erkenntnisse dieser Machbarkeitsstudie erläutert.

5.1 Voraussetzungen für den Einsatz

Das Test Automation Framework bietet mit seinen integrierten Testwerkzeugen vielfältige Möglichkeiten automatisierte Tests zu erstellen, zu verwalten und auszuführen. Nachfolgend werden grundlegende Informationen zum TAF und technische Voraussetzungen dargestellt.

5.1.1 Grundlagen des Test Automation Frameworks

Das Test Automation Framework wurde konzepiert, um automatisierte Tests mit eCATT und externen Testwerkzeugen einfacher erstellen und ausführen zu können. Mit Hilfe von RFC- oder HTTP-Verbindungen können diese Tests auf einzelne Systeme der Systemlandschaft zugreifen und verschiedene Anwendungen prüfen (siehe Abbildung 5.2). Dadurch werden Integrationstests, welche mehrere Komponenten auf unterschiedlichen Systeme testen, ermöglicht. Die technischen Voraussetzungen für den Betrieb des Test Automation Frameworks werden im nachfolgenden Abschnitt erklärt.

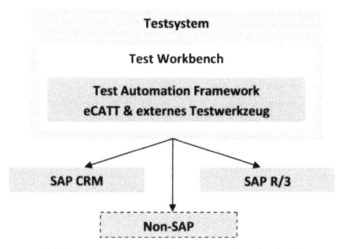

Abbildung 5.2 Testsystem in der SAP-Anwendungslandschaft

Durch die Kombination der im TAF integrierten Testautomatisierungswerkzeuge, eCATT und z.B. HP QuickTest Professional, können nicht nur eine ganze Testlandschaft, sondern auch alle Schichten innerhalb eines SAP-Systems abdeckt werden: Präsentationsschicht, Applikationsschicht und die Datenbank. Während mit HP QTP die Benutzeroberfläche von SAP- und Nicht-SAP-Systemen angesteuert wird, kann eCATT auf den Anwendungsserver und die Datenbank zugreifen, wodurch die ganze Vielschichtigkeit einer Systemlandschaft abgedeckt wird (siehe Abbildung 5.3).

Das automatisierte Testen wird durch Testskripte, die die Ablauflogik eines Testfalls enthalten, ermöglicht. Beim Ausführen eines Skripts wird eine Folge von Kommandos durchlaufen, die z.B. aus den einzelnen Schritten eines Geschäftsprozesses und möglichen Prüfungen besteht. Damit ein Testskript ordnungsgemäß ausgeführt werden kann, werden gültige Testdaten benötigt. Diese können konstant im Testskript vorhanden sein oder werden in Form von Variablen in einem Testdatencontainer hinterlegt. Ein Test wird nur dann auf dem entsprechenden System ausgeführt, wenn ihm die Systemdaten für die zu testenden Systeme mitgeliefert werden. Im Systemdatencontainer können diese Daten gepflegt werden.

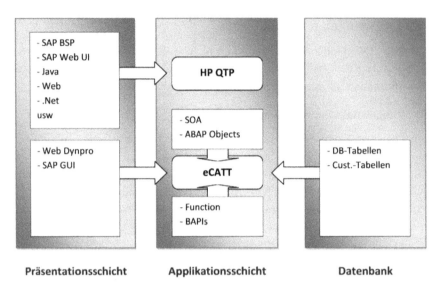

| Präsentationsschicht | Applikationsschicht | Datenbank |

Abbildung 5.3 Testbare Schichten einer Systemlandschaft

Für einen vollständigen Testfall werden die genannten Testobjekte in der Testkonfiguration zusammengefasst (siehe Abbildung 5.4). Durch die Kombination aus Testskript, System- und Testdaten ergibt sich die Möglichkeit verschiedene Tests zu erstellen, die auf unterschiedlichen Systemen ausgeführt werden können. Die Testkonfiguration spielt dabei eine wichtige Rolle, denn sie stellt einen ausführbaren Testfall dar. Dieser besteht aus einer Reihe von Testanweisungen, einem oder mehreren Datensätzen und einer Beschreibung der Systemlandschaft (vgl. [HeTr09], S. 414).

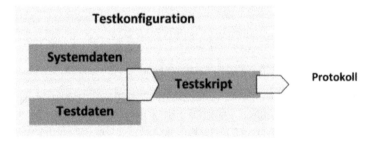

Abbildung 5.4 Zusammenspiel der Testobjekte (vgl. [SONS01], S. 1-16)

Nach der Ausführung einer Testkonfiguration werden die Ergebnisse in einem Protokoll dokumentiert. Neben dem Status des Tests werden detaillierte Informationen über die Testumgebung und die ausgeführten Kommandos dargestellt. Außerdem liefert das Protokoll Informationen über verwendete Daten und von der Anwendung zurückgelieferte Ergebnisse.

Der in dem TAF integrierte eCATT kann durch den Zugriff auf Testtreiber flexibel mit den zu testenden Systemen interagieren. Durch die Verzahnung der Adapter mit dem zu testenden System wird eine direkte Prüfung der Anwendungskomponenten auf verschiedenen Ebenen des SAP-Systems ermöglicht.

Da bei dieser Untersuchung die Automatisierung mit dem Testwerkzeug HP QuickTest Professional (siehe Kapitel 5.2) im Vordergrund steht, wird auf eine Beschreibung der unterschiedlichen eCATT-Testtreiber verzichtet.

5.1.2 Technische Voraussetzungen

Neben Anforderungen an die Testorganisation, die im vorangegangenen Kapitel beschrieben wurden, existieren einige technische Voraussetzungen für den Einsatz des Test Automation Frameworks.

Eine Testlandschaft im SAP-Umfeld besteht typischerweise aus mehreren Systemen, auf denen verschiedene Anwendungen laufen, die wiederrum durch Transaktionen ausgeführt werden. Die Komponenten der unterschiedlichen Systeme werden von einem zentralen Testverwaltungssystem mit Hilfe von Testskripts getestet. Um die Kommunikationen zwischen dem Testsystem und Testverwaltungssystem zu ermöglichen, werden RFC-Schnittstellen angelegt.

RFC-Verbindungen ermöglichen zwar eine Kommunikation zwischen Systemen, ersetzen jedoch auch bei einem automatisierten Test, nicht die Interaktion mit dem Benutzer. Diese ist notwendig, da Mandant, Benutzername und Kennwort für jedes System, das über RFC gerufen wird, neu eingegeben werden müssen. Dieses Problem könnte mit dem Hinterlegen der Anmeldedaten in der RFC-Verbindung gelöst werden, wird aber aus Sicherheitsgründen nicht praktiziert. Um dieses Problem zu umgehen, wird eine Trusted-RFC-Verbindung erstellt. Diese macht sowohl eine manuelle Anmeldung am Zielsystem als auch das Hinterlegen von Anmeldedaten überflüssig.

Eine explizite Erlaubnis wird benötigt, um jedem Mandanten das automatisierte Testen zu ermöglichen. Die Anpassung kann über die Transaktion *SCC4* vorgenommen werden.

Für das Starten automatisierter Tests existieren folgende Einschränkungen:

- **eCATT[5] und CATT nicht erlaubt**
  Das Starten von Testskripten wird verhindert. Diese Option darf nicht eingestellt sein, wenn automatisierte Tests ausgeführt werden sollen.
- **eCATT und CATT erlaubt**
  Mit dieser Einstellung können eCATT und CATT ohne Einschränkungen eingesetzt werden.
- **eCATT und CATT nur bei Trusted-RFC erlauben**
  Wird das Zielsystem über eine Trusted-RFC-Verbindung angesprochen, können Tests im vollen Funktionsumfang eingesetzt werden.
- **eCATT erlauben, aber FUN/ABAP und CATT nicht erlauben**
  Diese Option ermöglicht nur das Ausführen von Transaktionen im Zielmandanten. Die Ansteuerung muss über eCATT erfolgen.
- **eCATT erlauben, aber FUN/ABAP und CATT nur bei Trusted-RFC erlauben**
  Bei einer bestehenden Trusted-RFC-Verbindung zum Zielsystem werden der Aufruf von Funktionsbausteinen und die Ausführung von Inline-ABAP erlaubt.

Für das Aufzeichnen von Benutzeroberflächen in SAP-Systemen muss sowohl im Testsystem als auch in allen Zielsystemen SAP-GUI-Scripting aktiviert sein. Dazu müssen die Einstellungen auf dem Server und im SAP Frontend vorgenommen werden. Mit der Transaktion *RZ11* werden auf dem Profil *sap-gui/user_scripting* die serverseitigen Einstellungen vorgenommen.

---

[5] Vor der Implementierung des Test Automation Frameworks wurden im SAP Solution Manager automatisierte Tests mit eCATT erstellt, verwaltet und ausgeführt. Da das TAF eine Ergänzung für den eCATT darstellt, müssen Einstellungen für den eCATT vorgenommen werden, um automatisiertes Testen zu ermöglichen. Diese Einstellungen werden beim Einsatz externer Testwerkzeuge übernommen.

Das Aktivieren des Scripting auf dem Frontend erfolgt über das Menü LOKALES LAYOUT AN-
PASSEN → OPTIONEN → SCRIPTING. Um beim Aufzeichnen mit sowohl eCATT als auch einem
externen Testwerkzeug unnötige Fehlermeldungen zu vermeiden, empfiehlt sich die beiden
Optionen MELDEN, WENN EIN SKRIPT SICH AN SAP GUI ANBINDET und MELDEN, WENN EIN
SKRIPT EINE VERBINDUNG AUFBAUT zu deaktivieren (siehe Abbildung 5.5).

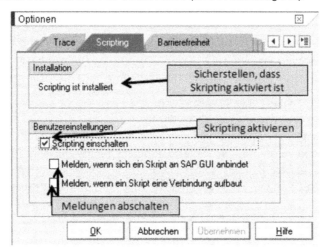

Abbildung 5.5 Anpassung des lokalen Layouts

Für die Integration eines externen Testwerkzeugs in das Test Automation Framework muss ein
Benutzer erstellt werden. Über die Transaktion *SE38* wird das Programm *E-
CATT_GENERATE_ET_USER* ausgeführt, das den Benutzer mit der Bezeichnung *ECATT_ET_USR*
generiert. Damit dieser Benutzer mit dem TAF interagieren kann, muss ihm die Rolle *SAP_ECET*
zugewiesen werden.

Die Erstellung von Tests mit einem externen Testwerkzeug ist erst nach der Registrierung[6] des
Testwerkzeugs möglich. Diese erfolgt im SAP Solution Manager 7.1 über das Work Center
Testmanagement. Für mehr Informationen zur Registrierung externer Testwerkzeuge siehe
[SONS02].

Testfalltypen: Einstellungen			Testfalltyp aktivieren		
Testfalltyp	Testtool		Aktiv	Beschreibung	
C CATT			☐	CATT	▲
ECTC Testkonfi...	3PTT Externes Testtool		☑	Testkonfiguration	▼
ECTC Testkonfi...	ECATT eCATT		☑	eCATT-Testkonfiguration	
F Funktionbaust...			☑	Funktionbausteintest	
M Manueller Te...			☑	Manueller Testfall	
TWTD Testdoku...			☑	Testdokument	
X Externe Anwe...			☑	Externe Anwendung	

Abbildung 5.6 Einstellungen der Testfalltypen

---

[6] Für die Registrierung eines externen Testwerkzeugs wird deren Installation vorausgesetzt.

Nach der Registrierung des externen Testwerkzeugs können Einstellungen für Testfalltypen im Work Center vorgenommen werden (siehe Abbildung 5.6). Hier ist es möglich nur die Testfalltypen zu aktivieren, die in der Testkonfiguration zur Verfügung stehen sollen.

5.2 Integration eines externen Testwerkzeugs

Die Integration einer Drittanbieter-Anwendung in den SAP Solution Manager ist besonders wichtig, da durch die Implementierung verschiedener Technologien in SAP-Systemen bzw. technologieübergreifender Geschäftsprozesse die Funktionalität des Testwerkzeugs eCATT für das automatisierte Testen nicht ausreicht. Prozessschritte, deren Benutzeroberflächen nicht einem SAP GUI oder Web Dynpro entsprechen, müssen durch das externe Testwerkzeug abgedeckt werden.

Mit dem neuen SAP Solution Manager wird eine SAP-zertifizierte Schnittstelle geliefert, die für eine reibungslose Kommunikation zwischen einem externen Testwerkzeug, z.B. HP QTP (siehe Kapitel 5.4), und dem Test Automation Framework sorgt. Dies ermöglicht das Verwalten und Ausführen externer Tests direkt aus der Testkonfiguration.

Für den Einsatz eines externen Testwerkzeugs im SAP Solution Manager 7.1 müssen folgende Schritte durchgeführt werden: Installation der Drittanbieter-Anwendung auf einem zu testenden Frontend und die Registrierung im Backend. Nähere Informationen dazu liefert Kapitel 5.1.2 „Technische Voraussetzungen".

Die Steuerung des Arbeitsvorgangs, also das Aufzeichnen und Editieren von Benutzerinteraktionen, erfolgt durch das externe Testwerkzeug. Erst beim Abspielen des Skripts werden Erweiterungen des SAP Solution Manager 7.1 deutlich. Aufgezeichnete Skripte und alle dazugehörigen Informationen werden mit Hilfe der implementierten Schnittstelle im zentralen Repository abgelegt und verwaltet. Auf diese Weise kann das Skript wahlweise aus der Testkonfiguration oder aus dem externen Testwerkzeug gestartet werden. Dies hat den Vorteil, dass eine zentrale, durchgängige und konsistente Datenspeicherung gewährleistet wird.

Die genaue Vorgehensweise beim Erstellen und Ausführen eines Tests in der Testkonfiguration und im HP QuickTest Professional wird in den nachfolgenden Kapiteln ausführlich beschrieben. In diesem Abschnitt wird die Notwendigkeit der Integration eines externen Testwerkzeugs im SAP Solution Manager verdeutlicht.

Wie der in Kapitel 4 beschriebene Geschäftsprozess beispielhaft zeigt, kann eine Erweiterung von Geschäftsprozessen zu einer Integration von Drittanbieter-Anwendungen in einem SAP-System führen. Diese heterogene Systemlandschaft besitzt eine Vielzahl von Komponenten, die von eCATT nicht unterstützt werden. Für Benutzeroberflächen, wie Java oder .Net, stellt eCATT keine Testtreiber bereit, was seine Testmöglichkeiten einschränkt. Da diese Anwendungen aber einen wichtigen Teil des Geschäftsprozesses darstellen ist es nicht sinnvoll, sie aus dem Test auszuklammern.

Jedoch ist auch ein separater Test der einzelnen Anwendungen wenig hilfreich, da im Sinne eines Integrationstests vollständige Geschäftsprozesse End-to-End getestet werden sollen (vgl. [HeTr09], S. 473). Infolgedessen müssen alle Komponenten der Lösungslandschaft vollständig automatisiert getestet werden können. Mit einem externen Testwerkzeug werden an dieser Stelle alle Lücken im automatisierten Test geschlossen.

In Systemlandschaften mit einem oder mehreren Drittanbieter-Systemen haben eCATT-basierte Automatisierungslösungen keine Vorteile. Spätestens hier muss über den Einsatz eines externen Testwerkzeugs nachgedacht werden. Dabei sind die Integrationsmöglichkeiten des SAP Solution Managers zu berücksichtigen. Er erlaubt es im Sinne eines ganzheitlichen Application Managements, Schritte von Nicht-SAP-Anwendungen in das Business Process Repository einzubinden und die Testorganisation prozessorientiert und systemübergreifend aufzubauen (vgl. [HeTr09], S. 473). Dabei sollte die Minimierung der Betriebskosten nicht außer Acht gelassen werden. Schließlich entstehen durch den Einsatz von externen Testwerkzeugen neben den eigentlichen Toolkosten auch Kosten für die beanspruchte Infrastruktur, wie Datenbanken, File Services usw. Diese Kosten werden bei einer Integration auf ein Minimum gesenkt.

5.3 Erstellen einer Testkonfiguration

Nachdem in den vorhergehenden Kapiteln die Grundlagen des Test Automation Frameworks und die Integration eines externen Testwerkzeugs erläutert wurden, werden in diesem Abschnitt die Schritte für das Erstellen einer Testkonfiguration erklärt.

Der Ausgangspunkt für die Erstellung einer Testkonfiguration ist die Geschäftsprozesshierarchie. Hier lässt sich direkt festlegen, welchem Geschäftsprozess oder Prozessschritt die Testkonfiguration zugeordnet werden soll (siehe Abbildung 5.7). Ein Testfalltyp gibt die Ausführungsart des Tests an, dabei handelt es sich entweder um die manuelle oder automatisierte Ausführung[7]. Für einen externen Test, d.h. die Erstellung eines Testskripts erfolgt mit einem Partnerwerkzeug, muss der konfigurierte Testfalltyp QUICKTEST PROFESSIONAL gewählt werden. Mit der Bezeichnung des Testfalls wird gleichzeitig die Bezeichnung der Testkonfiguration und des Testskripts festgelegt. Es ist jedoch möglich das Testskript in der Testkonfiguration umzubenennen oder durch ein anderes zu ersetzen.

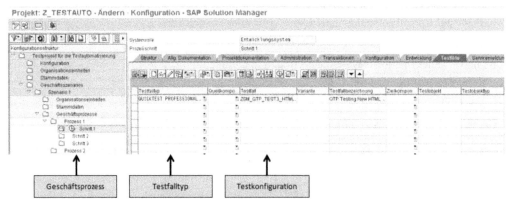

Abbildung 5.7 Definition einer Testkonfiguration

Im Test Automation Framework besteht eine Testkonfiguration aus den drei folgenden Teilen:

- **Testskript:** Ein Testskript ist eine Zusammenstellung von Kommandos die den Test beschreiben. Es enthält typischerweise eine oder mehrere aufgezeichnete Transaktionen und den damit verbundenen Prüfungen. Nach dem Erstellen des Testskripts mit dem externen Testwerkzeug, können dem Skript im SAP Solution Manager Parameter hin-

---

[7] Die zur Verfügung stehenden Testfalltypen werden im Work Center festgelegt (siehe Kapitel 6.1.2).

36

zugefügt werden. Dies ermöglicht, Testdaten dynamisch zu verwenden und von einem Prozessschritt zum Nächsten zu übergeben.

- **Testdatencontainer:** Testdatencontainer ermöglichen es, Testdaten getrennt von den Testanweisungen zu speichern und erhöhen dadurch die Wiederverwendbarkeit. Im SAP Solution Manager wird dann die Verbindung zwischen den Testdaten aus einem Testdatencontainer und den Parametern des externen Testskripts hergestellt. Während der Ausführung werden dann die Testdaten an das Testskript übergeben. Hierdurch können Testdaten zentral und flexibel geplant werden, um somit bei der Testausführung verwendete Testdaten zu variieren, ohne das Testskript ändern zu müssen.

- **Systemdatencontainer:** Ein Systemdatencontainer enthält Informationen des Systems, in dem ein automatisierter Test ausgeführt werden soll. Die Trennung der Systemdaten von den Testskripten ermöglicht es, in einer komplexen Systemlandschaft die einzelnen Systeme anzusprechen, ohne hierzu das Skript bearbeiten zu müssen.

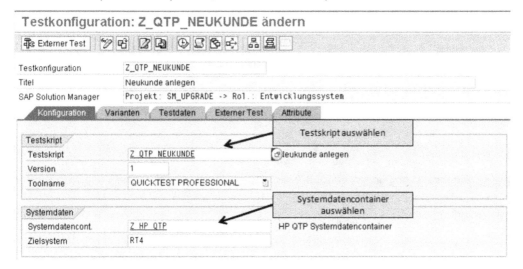

Abbildung 5.8 Erstellen einer Testkonfiguration

5.4 Erstellen und Ausführen von Testskripten mit HP QTP

HP QuickTest Professional ist ein Testwerkzeug zur automatisierten Durchführung von Funktions- und Regressionstests für sämtliche Softwareanwendungen. Mithilfe von Schlüsselwörtern, die das Erstellen und Verwalten von Tests erleichtern, werden automatisierte Tests umgesetzt (vgl. [INET01]). Die Testfälle werden mit einer bestimmten Erfassungsmethode erstellt, bei der Abläufe direkt aus den Applikationsbildschirmen erfasst werden.

5.4.1 Grundlagen des HP QuickTest Professional

Ursprünglich wurde HP QTP für den Einsatz in Windows und webbasierten Anwendungen konzipiert und mit der Weiterentwicklung an andere Technologien und Anwendungen angepasst (vgl. [Vive10], S. 137). Mit der Installation des entsprechenden Add-Ins sind SAP-Anwendungen und Technologien, wie z.B. Java oder .Net, mit dem Testautomatisierungswerkzeug prüfbar. Die Vielfalt an testbaren Bildschirmoberflächen ermöglicht automatisierte Tests in heterogenen Systemen und stellt damit einen Vorteil gegenüber dem SAP-eigenen Testwerkzeug eCATT dar. Dadurch wird die Testbarkeit technologieübergreifender Geschäftsprozesse im SAP-Umfeld möglich.

Der Funktionsumfang des HP QuickTest Professional ist groß, die folgenden Punkte sind als die Kernfunktionen der Anwendung zu sehen:

- Record and Play: Aufnahme und Wiedergabe von Testskripten
- Checkpoints: Prüfung von Werten und der korrekten Arbeitsweise der Anwendung
- Output value: Speicherung von Werten in die Tabelle zur Laufzeit der Anwendung
- Data table: Datenbank zur Speicherung und Verwaltung von Parametern
- Recovery: Definition des Verhaltens von QTP in Ausnahmesituationen

Tabelle 5.1 Kernfunktionen des HP QTP

Die Funktionen des HP QTP ermöglichen die Bearbeitung eines aufgezeichneten Skripts, um z.B. zusätzliche Prüfabfragen oder Testvarianten erstellen zu können. Dies wird durch die Skriptsprache VBScript, auf der QTP-Skripte basieren, ermöglicht. Visual Basic Script (VBS) ist eine von Microsoft entwickelte Skriptsprache, die eng mit Visual Basic (VB) und Visual Basic for Applications (VBA) verwandt ist (vgl. [SONS03]). Im Gegensatz zu VB und VBA kennt VBS jedoch keine Typisierung der Daten, weshalb alle Datentypen im Typ „Variant" gespeichert werden. Wie bei JavaScript wird der Quellcode in Echtzeit und Zeile für Zeile von einem Interpreter und nicht von einem Compiler übersetzt, wodurch sich folgende Vorteile und Möglichkeiten ergeben:

- Aktives Skripting in unterschiedlichen Umgebungen
- Automatisierung verschiedener Vorgänge
- Datenbankanbindung steuern
- Geringe Dateigröße

Tabelle 5.2 Vorteile und Möglichkeiten mit VBScript

Vor allem die Möglichkeit der Automatisierung verschiedener Vorgänge macht die Skriptsprache für QTP so wertvoll. Die Struktur des Skripts ermöglicht es, einzelne Kommandos automatisch durchführen zu lassen. Eine Zeile des Skripts bedeutet eine Aktion des Tests, seien es ein Mausklick, eine Eingabe oder eine Bestätigung mit der Enter-Taste. Die Struktur einer Zeile sieht folgendermaßen aus:

```
SAPGuiSession("Session").SAPGuiWindow("Suchen").SAPGuiButton("Suchen  (Enter)").Click
```

Abbildung 5.9 Eine Zeile des QTP-Skripts

An diesem Beispiel wird deutlich, dass der Befehl „Click" auf den Button „Suchen (Enter)" in einem SAP GUI-Fenster ausgeführt wurde. Die drei SAP-Objekte Session, Window und Button werden durch einen Punkt in der entsprechenden Hierarchiefolge getrennt, d.h. in der SAP-Session wird ein SAP-Window geöffnet, in dem der Button geklickt wird. Die Bezeichnung in der Klammer macht das Objekt eindeutig und verhindert somit eine Verwechslung der Objekte während der Ausführung des Skripts.

Bevor jedoch ein Skript ausgeführt werden kann, muss es zunächst aufgezeichnet werden. Dies geschieht über die Benutzeroberfläche des HP QTP, die sich in unterschiedliche Bereiche aufteilt. Die Menü- und Toolbar stellen alle nötigen Schaltflächen bereit und ermöglichen dadurch die Aufzeichnung und Bearbeitung des Skripts. Im darunter liegenden Abschnitt („Test pane") werden die aufgezeichneten Skripte dargestellt (siehe Abbildung 5.9). Dabei gibt es diese zwei Möglichkeiten:

- **Keyword View**: Hier werden in Form einer Baumstruktur Schlüsselwörter angezeigt.
- **Expert View**: Hier wird das Skript in der VBScript-Sprache angezeigt (siehe Abbildung 5.8).

Die Datentabelle („Data table") zeigt die Parametrisierung an und das „Active Screen" die Anwendung während der Aufzeichnung.

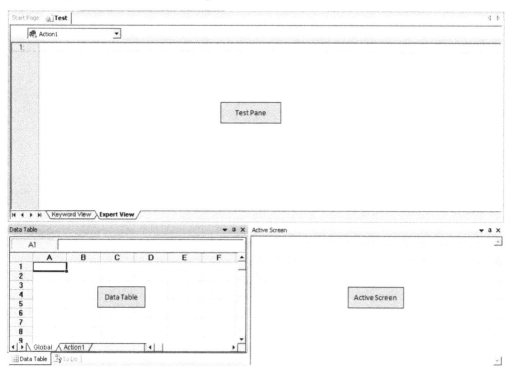

Abbildung 5.10 HP QTP Testscreen

5.4.2 Testen von Benutzeroberflächen

5.4.2.1 Testskripte aufzeichnen

Add-Ins selektieren

Die Aufzeichnung eines Testskripts an sich stellt keine große Herausforderung dar, jedoch nur, wenn alle richtigen Einstellungen vor der Aufzeichnung vorgenommen wurden. Dazu gehört unter anderem die richtige Auswahl der Add-Ins, um alle Anwendungen und Technologien in einem Geschäftsprozess testen zu können. Vor dem Start der Aufzeichnung sollte der Testprozess genau definiert sein, um bestimmen zu können, welche Add-Ins selektiert werden müssen. Die Wahl der Add-Ins ist aus unterschiedlichen Gründen wichtig, unter anderem führt eine falsche Selektion dazu, dass

- die Aufzeichnung der nicht ausgewählten Technologie nicht möglich wird.
- zu viele Add-Ins sich gegenseitig behindern können und somit nicht alle Objekte identifiziert werden.
- bei einem bereits aufgezeichnet Skript keine Add-Ins nachträglich hinzugefügt werden können.

Die Auswahl der Add-Ins erfolgt im Add-In-Manager, der nach dem Start des HP QTP erscheint. Dies ist jedoch nur beim Start im Standalone-Modus möglich, was die Bearbeitung aus der Testkonfiguration des SAP Solution Managers erschwert. HP QTP muss zunächst losgelöst vom SAP Solution Manager gestartet werden, um die richtigen Add-Ins für den Testfall zu selektieren. Die Einstellungen werden global hinterlegt, so dass die getroffene Auswahl der Add-Ins beim nächsten Start immer noch selektiert ist.

Laut der Beschreibung der Optionen des HP QTP ist die Selektion weiterer Add-Ins im erstellten Testskript möglich. Jedoch hat die Untersuchung gezeigt, dass diese Option nicht wünschenswert implementiert wurde. Lediglich die Deselektion vorhandener Add-Ins kann nach dem aktuellen Stand in den Einstellungen durchgeführt werden.

In dem in Kapitel 4 beschriebenen Geschäftsprozess „Angebotserstellung" kommen drei Anwendungen zum Einsatz, die aus unterschiedlichen Technologien implementiert wurden und somit unterschiedliche Add-Ins erfordern. Um die Anwendungen testen zu können, müssen die Add-Ins SAP[8] und Java aktiviert werden. Für die Technologie VBA wird keine Auswahl benötigt, da QTP die Unterstützung für Windows- und einige Microsoft-Anwendungen direkt liefert. Allerdings empfiehlt HP die Aktivierung des Web-Add-Ins, um die volle Unterstützung des Testwerkzeugs zu bekommen.

---

[8] Bei den Untersuchungen hatte sich gezeigt, dass das SAP-Add-In die Technologien SAP GUI, SAP BSP, SAP Web Dynpro und CRM WEB UI unterstützt.

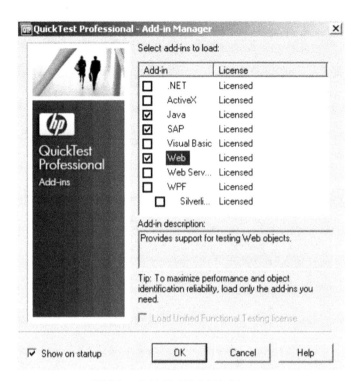

Abbildung 5.11 HP QTP Add-In Manager

Nachdem die Auswahl der benötigten Add-Ins getroffen wurde, kann im nächsten Schritt die Aufzeichnung erfolgen. Durch die Integration des HP QTP in den SAP Solution Manager ist eine integrierte Aufzeichnung direkt aus der Testkonfiguration möglich. Die Schaltfläche EXTERNER TEST startet das Testautomatisierungswerkzeug HP QTP im integrierten Modus.

Aufzeichnung starten

Die Aufzeichnung eines Testskripts im HP QTP wird über die Schaltfläche RECORD gestartet. Es erscheint ein Dialog, in dem die notwendigen Einstellungen für die Aufzeichnung vorgenommen werden können (siehe Abbildung 5.11). Für eine Aufzeichnung eines Prozesses stehen im QTP für jede Technologie zwei Optionen zur Verfügung.

1. Der Test wird in einer bereits laufenden Anwendung aufgezeichnet. Diese Option erfordert jedoch, dass beim Abspielen des Tests die benötigte Anwendung bereits läuft.
2. Durch Hinterlegen von Server- und Anmeldedaten wird die benötigte Anwendung automatisch gestartet.

In der Registerkarte der jeweiligen Technologie können die notwendigen Daten für den Start einer Anwendung hinterlegt werden. Die Einstellungen für ein SAP-System wurden in der neuen Version des HP QuickTest Professional erweitert, so dass neben der Auswahl des Servers nun die Möglichkeit besteht einen in der Testkonfiguration hinterlegten Systemdatencontainer auszuwählen, um auf das Zielsystem zu verweisen. Diese Option ermöglicht eine Trusted-RFC-Verbindung zum Zielsystem und macht die Eingabe der Login-Daten überflüssig.

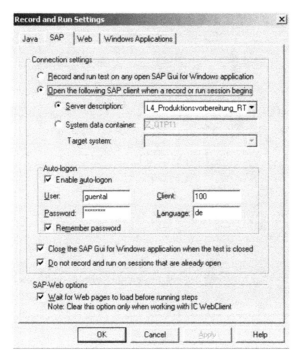

Abbildung 5.12 Record & Run Settings

Da das Konzept der Testfallerstellung (Kapitel 4) eine Modularisierung des Testfalls vorsieht, müssen eventuell unterschiedliche Einstellungen bei jedem einzelnen Testskript vorgenommen werden. Aus der Beschreibung des Geschäftsprozesses geht jedoch hervor, dass die Non-SAP-Anwendungen aus dem SAP-System angesteuert werden, weshalb die Ausführung des SAP-Systems in jedem Testskript notwendig ist. Außerdem ermöglicht der Start der Non-SAP-Anwendungen aus dem SAP-System die Prüfung der Systemintegration. Daher müssen die einmal erfassten Einstellungen für das SAP-System in allen Testskripten beibehalten werden.

Wie bereits erwähnt, ist die Modularisierung von Tests aufgrund der besseren Wiederverwendung nicht nur sinnvoll, sondern notwendig. Daher wird der Geschäftsprozess in zusammenhängende Prozessschritte zerlegt und für jeden Prozess jeweils ein Skript erstellt. Das Testskript zum Prozess „Neukunde anlegen" bildet das erste Einzelskript, das zusammen mit weiteren Skripten von einem eCATT-Hauptskript aufgerufen wird und somit den gesamten Geschäftsprozess abdeckt.

Die Bestätigung der Einstellungen „Record and Run Settings" startet eine neue SAP-Session, in der die Schritte des Geschäftsprozesses durchzuführen sind. In der Ansicht „Keyword View" werden die aufgezeichneten Objekte in einer Baumstruktur dargestellt (siehe Abbildung 5.12). Nachdem die notwendigen Schritte durchgeführt wurden, wird die Aufzeichnung mit der Schaltfläche STOP beendet. Je nachdem welche Einstellungen vorgenommen wurden, wird das SAP-Fenster nach Beendigung der Aufzeichnung geschlossen oder bleibt für weitere Tätigkeiten geöffnet. Um das aufgezeichnete Skript in die Testkonfiguration zu transportieren, genügt das Abspeichern des Testskripts.

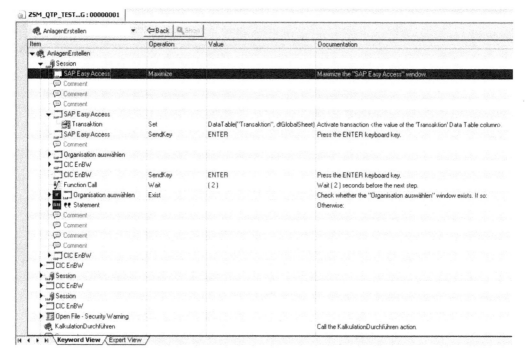

Abbildung 5.13 Keyword View eines Testskripts

Parametrisierung

Aufgezeichnet werden sowohl die eingegebenen Werte als auch die Standarddaten bei Objekten, für die keine Dateneingabe notwendig ist. Die eingegebenen Werte erscheinen standardmäßig als Fixwerte im Skript. Durch Fixwerte werden Skripte jedoch starr, wodurch die Wiederverwendung verhindert wird. Soll der Testfall mit anderen als bei der Aufzeichnung verwendeten Werten ausgeführt werden, müssen die Fixwerte durch Parameter ersetzt werden. Dadurch wird bei der Ausführung des Testskripts an der entsprechenden Stelle der Wert des Parameters eingesetzt.

Im HP QuickTest Professional können Fixwerte automatisch durch Parameter ersetzt werden. Diese Einstellung wird in den Optionen des Tools vorgenommen[9] und enthält zwei unterschiedliche Möglichkeiten. Die erste Möglichkeit wandelt Fixwerte zu Parametern (Global Parameter) um, die in der Datentabelle des QTP abgelegt und anschließend bearbeitet werden können (siehe Abbildung 5.13). Für mehrere Iterationen können in der Datentabelle verschiedene Werte angelegt werden, wobei eine Zeile eine Iteration bedeutet. Die zweite Möglichkeit wurde implementiert, um die Integration des HP QTP in den SAP Solution Manager zu verstärken und die Verwaltung und Bearbeitung von Testparametern zu vereinfachen. Im nachfolgenden Kapitel wird die zweite Möglichkeit der Parametrisierung ausführlich beschrieben.

---

[9] Damit Fixwerte automatisch durch Parameter ersetzt werden, muss die Einstellung vor der Aufzeichnung erfolgen.

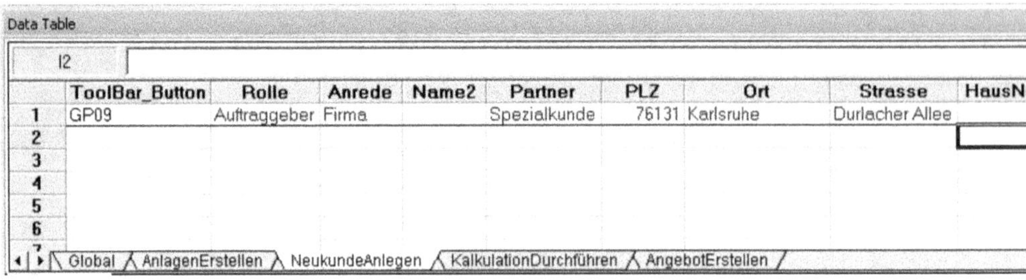

	ToolBar_Button	Rolle	Anrede	Name2	Partner	PLZ	Ort	Strasse	HausNr
1	GP09	Auftraggeber	Firma		Spezialkunde	76131	Karlsruhe	Durlacher Allee	3
2									
3									
4									
5									
6									

◄ ► Global / AnlagenErstellen / NeukundeAnlegen / KalkulationDurchführen / AngebotErstellen /

Abbildung 5.14 Parametrisierung im HP QTP

5.4.2.2 Testskripte bearbeiten

Testobjekte bearbeiten

Im Gegensatz zu anderen Testautomatisierungswerkzeugen, wie z.B. eCATT, zeichnet QTP nicht die Position eines Testobjekts auf, sondern sammelt alle hinterlegten Informationen über das Objekt und speichert sie im Object Repository ab. Dadurch ergibt sich folgender Vorteil: Sollte die Benutzeroberfläche einer Anwendung geändert werden und ein Objekt nicht mehr die aufgezeichnete Position besitzen, vergleicht QTP die gespeicherten Daten des Objekts mit allen in der Anwendung vorhandenen Objekten und identifiziert auf diese Weise das gesuchte Objekt.

Beim Aufzeichnen des Skripts benutzt QTP die gesammelten Daten, um die einzelnen Objekte eindeutig zu identifizieren. Dadurch können jedoch seltsame Bezeichnungen der Objekte entstehen. Um die Lesbarkeit der Testskripte zu verbessern, kann der Name eines Objekts im Object Repository geändert werden (siehe Abbildung 5.15). Hier können weitere Änderungen vorgenommen werden, um das Objekt eindeutig zu definieren und somit die Identifizierung beim Abspielen des Testskripts zu beschleunigen.

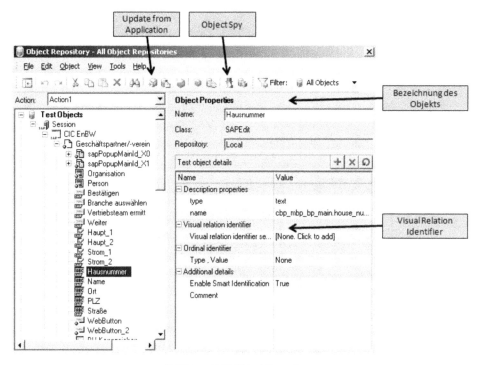

Abbildung 5.15 Object Repository

Änderungen sollten nicht im Test Pane vorgenommen werden, da dadurch Objekte ungültig werden und Fehler im Test verursachen. Das Object Repository bietet hierfür einige Funktionen, die unter anderem eine manuelle Identifizierung eines Objekts ermöglichen. Diese drei nachfolgenden Funktionen können die Identifizierung von Objekten ermöglichen bzw. vereinfachen.

- **Update from Application:** Wenn sich die Bezeichnung eines Objekts in einer Anwendung ändert, kann QTP dieses Objekt nicht mehr identifizieren und läuft somit auf einen Fehler. Um die komplette Neuaufzeichnung der geänderten Anwendung zu vermeiden und um wesentlichen Zeitaufwand zu sparen, kann mit dieser Funktion das geänderte Objekt neu identifiziert werden.

- **Object Spy:** Diese Funktion ermöglicht Objekte, die beim Aufzeichnen nicht erkannt wurden, auf manuelle Art zu identifizieren. Mit dem Object Spy können Objekte erfasst und anschließend im Object Repository hinterlegt werden (siehe Abbildung 5.16). Durch Drag & Drop kann das Objekt im Skript eingefügt werden.

- **Visual Relation Identifier:** Mit dem Visual Relation Identifier wird die Position eines Objekts durch seine Nachbarn identifiziert. Um ein Objekt eindeutig identifizieren zu können, sollte es von allen Seiten einen Nachbarn besitzen. Durch die Angabe der Position (rechts, links, oben oder unten) des jeweiligen Nachbarn, wird die Position des gesuchten Objekts bestimmt. Diese Funktion ermöglicht zwar eine eindeutige Identifizierung eines Objekts, erhöht aber zugleich die Testdauer des Skripts, da zur Laufzeit zunächst die Nachbarn des gesuchten Objekts identifiziert werden müssen. Ist die eindeutige Identifizierung eines Objekts mit Zuhilfenahme der Nachbarobjekte nicht dringend notwendig, ist von dieser Funktion abzuraten.

Während der Untersuchungen hatte sich gezeigt, dass das Kalkulationstool ständig weiterentwickelt und alle paar Wochen eine neue Version eingeführt wurde. Da die Versionsnummer im Namen der Anwendung enthalten ist, ist der Test nach jedem neuen Build der Anwendung fehlgeschlagen. Aufgrund der Änderung im Namen des Kalkulationstools, konnte QTP die Anwendung nicht mehr identifizieren. Hier hatte sich die Funktion „Update from Application" bezahlt gemacht, da durch wenige Klicks und ohne Änderungen am Testskript vornehmen zu müssen, der komplette Geschäftsprozess wieder testbar wurde. Diese Funktion kann bei Namensänderungen von Objekten den Zeit- und Arbeitsaufwand reduzieren.

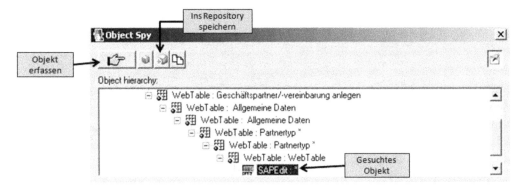

Abbildung 5.16 Object Spy

Die Aufzeichnung von Dropdown-Menüs stellt viele Testautomatisierungswerkzeuge vor große Herausforderungen. So konnte während der Aufzeichnung des Testskripts auch QTP einen Prozessschritt, der mit einem Dropdown-Menü verbunden war, nicht aufzeichnen. Jedoch war es möglich, mit der Funktionalität des Object Spy das Dropdown-Menü zu identifizieren und den Test zu vervollständigen.

Re-Recording

Sollten die beschriebenen Funktionen nicht ausreichen, um einen Test zu bearbeiten, können einzelne Schritte bzw. ganze Prozesse im selben Skript neu aufgezeichnet werden. Dazu muss im Skript zunächst die richtige Stelle identifiziert und defekte bzw. veraltete Prozessschritte entfernt werden. Die Neuaufzeichnung erfolgt über die Schaltfläche RECORD und wird, nachdem alle Schritte aufgezeichnet wurden, mit STOP beendet[10].

Aufzeichnungsmodi

Das Testautomatisierungswerkzeug HP QTP verfügt über unterschiedliche Aufzeichnungsmodi, die eine vielseitige Erstellung von Testskripten ermöglichen. Grundsätzlich sollten Skripte im voreingestellten Modus aufgezeichnet werden. Ein Wechsel auf einen anderen Modus ist notwendig, sollten spezielle Schritte oder Objekte nicht erfasst werden.

jedoch werden spezielle Schritte oder Objekte in diesem Aufzeichnungsmodus nicht erfasst, weshalb ein Wechsel auf einen anderen Modus notwendig ist. Diese vier Modi stehen zur Verfügung:

- **Context Sensitive Recording:** Der Modus „Context Sensitive", auch Normalmodus oder Standardmodus genannt, unterstützt alle im QTP hinterlegten Testobjekte und wird bei

---

[10] Für mehr Details zum Aufzeichnen von Skripten siehe Unterkapitel „Testskripte aufzeichnen".

der Aufzeichnung standardmäßig verwendet. Er erkennt die Objekte einer Anwendung unabhängig von ihrer Position auf dem Bildschirm. Dabei werden sowohl Objekte als auch die ausgeführten Aktionen auf diesem Objekt aufgezeichnet.

- **Standard Window Recording[11]:** Dieser Modus besitzt die gleiche Funktionalität wie der Standardmodus. Der Unterschied liegt allein in der Abfertigung der Objekte. Hier spielt die Technologie der Anwendung keine Rolle, so dass jedes auf dem Bildschirm geöffnete Fenster gleichbehandelt wird.

- **Low Level Recording:** Der „Low Level"-Modus ermöglicht die Aufzeichnung auf allen Objekten, unabhängig davon, ob QTP das Objekt oder die ausgeführte Aktion erkennt. Die Aufzeichnung erfolgt auf der Objektebene, d.h. alle aufgezeichneten Objekte werden als „Window().WinObject()" hinterlegt. Hauptsächlich wird dieser Modus verwendet, wenn die Position mit den x,y-Koordinaten für den Test eine wichtige Rolle spielt oder das Objekt von QTP nicht identifiziert werden kann.

- **Analog Recording:** Im „Analog Recording"-Modus verfolgt und zeichnet QTP jede Mausbewegung auf dem Bildschirm oder in einem Fenster auf und speichert sie als „Tracks" ab. Dieser Modus sollte dann zum Einsatz kommen, wenn das Aufzeichnen von Aktionen auf der Objektebene nicht mehr möglich ist, z.B. um eine Signatur aufzuzeichnen. Im „Analog"-Modus ist es möglich, auf dem gesamten Bildschirm oder in einem bestimmten Fenster aufzuzeichnen. Bei Aktionen, die in mehreren Fenstern durchgeführt werden, muss die Option für den gesamten Bildschirm gewählt werden.

Die beiden Modi „Low Level Recording" und „Analog Recording" sollten mit Vorsicht betrachtet werden, denn die Position der Anwendungen auf dem Bildschirm muss bei beiden Modi sowohl zur Aufnahme- als auch zur Ausführungszeit identisch sein, anderenfalls wird das Skript fehlschlagen. Außerdem erzeugen die beiden Modi größere Skript-Dateien und benötigen dadurch höheren Speicherplatz. Daher sollten sie nur benutzt werden, wenn Objekte im Standardmodus nicht erfasst werden können (vgl. [INET02]).

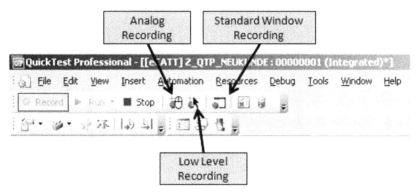

Abbildung 5.17 Aufzeichnungsmodi

Die Abbildung 5.18 zeigt die Unterschiede im Skript, die bei der Aufzeichnung eines Objekts durch unterschiedliche Modi entstehen.

---

[11] Dieser Modus wurde in der Version 11 des HP QuickTest Professional neu implementiert.

SAPGuiSession("Session").SAPGuiWindow("CIC EnBW").SAPGuiToolbar("ToolBarControl").PressButton "EINB"

Window("CIC EnBW").WinToolbar("ToolbarWindow32").Press "Inbox"

Window("CIC EnBW").WinObject("ToolbarWindow32").Click 29,8

Abbildung 5.18 Unterschiede im Testskript

Die drei Aufzeichnungsmodi „Context Sensitive", „Standard Window" und „Low Level" wurden bei der Untersuchung genauer betrachtet und waren bei der Aufzeichnung des Geschäftsprozesses von großer Notwendigkeit. Grundsätzlich wurden alle Prozessschritte im Normalmodus aufgezeichnet, um die volle Funktionsleistung des HP QuickTest Professional ausnutzen zu können. Jedoch erfordern einige Schritte und Objekte die Benutzung weiterer Modi. Nachfolgend wird erläutert, welche Aktionen und Objekte einen Wechsel erfordern.

„Context Sensitiv" → „Standard Window":

- **Kontextmenü:** Während der Aufruf des Kontextmenüs, d.h. Rechtsklick auf ein Objekt, mit dem „Context Sensitiv"-Modus aufgezeichnet werden kann, ist der Wechsel auf den „Standard Window"-Modus notwendig, um die Schritte im Kontextmenü aufzuzeichnen.

- **Wechsel auf andere Anwendung:** Der Wechsel auf eine zweite Anwendung, während in der ersten Anwendung Prozesse ausgeführt werden, kann bei Testskripten, die im Normalmodus aufgezeichnet wurden, nicht erfolgen. In diesem Fall muss sowohl die letzte Aktion in der ersten Anwendung als auch die erste Aktion in der zweiten Anwendung im „Standard Window"-Modus aufgezeichnet werden.

„Context Sensitiv" → „Low Level":

- **Bestimmte Position:** Die Aufzeichnung einer Position ist im Normalmodus nicht möglich, da Informationen zur Position eines Objekts nicht erfasst werden. Wird jedoch die Aufzeichnung einer bestimmten Position mit x,y-Koordinaten benötigt, muss der „Low Level"-Modus aktiviert werden.

- **Nicht erfassbare Objekte:** HP QTP kann nur die Objekte aufzeichnen, die in dem Dictionary der jeweiligen Technologie hinterlegt sind. Sollte die Erfassung eines Objekts im Normalmodus nicht möglich sein, muss die Aufzeichnung über den „Low Level"-Modus erfolgen.

Delays hinzufügen

Die Automatisierung von Tests auf der Ebene der Präsentationsschicht hat den Nachteil, dass das Testautomatisierungswerkzeug HP QuickTest Professional allein die Objekte und die ausgeführte Aktion aufzeichnet, jedoch die Verarbeitungsdauer für die Ausführung einer Aktion nicht erfassen kann. Bei dynamischen Objekten, deren Bearbeitung von der Auslastung des Systems beeinträchtigt werden kann, kann ein schneller Ablauf des Skripts Fehler im Test verursachen. Um solche Fehler zu vermeiden, wird im QTP die Dauer zwischen den einzelnen Testschritten mit der Methode „Wait(t)" kontrolliert. Dabei steht die Bezeichnung „t" für die Zeit in Sekunden.

Die Untersuchung hat ergeben, dass das Implementieren der Methode „Wait(t)" beim Ausführen dynamischer Objekte, wie z.B. Felder mit AutoComplete-Funktion, dem Start einer Anwendung oder der Interaktion zweier Anwendungen notwendig ist, um einen fehlerfreien Ablauf des Testskripts zu ermöglichen. Bezogen auf den Geschäftsprozess sind Delays vor bzw. nach diesen Prozessschritten notwendig:

- Beim Speichern der Daten in die Datenbank
- Ausfüllen der Felder mit AutoComplete-Funktion
- Starten einer Anwendung
- Aufruf eines zweiten Fensters derselben Anwendung
- Interaktion zweier Anwendungen

Die Implementierung von Delays ist zeitaufwändig und verzögert dadurch die Arbeit. Zwar können bereits vor der Aufzeichnung kritische Stellen identifiziert werden, jedoch stellt sich erst beim Abspielen des Testskripts heraus, ob alle Delays mit der benötigten Zeit implementiert wurden.

5.4.2.3 Testskripte ausführen und auswerten

Startoptionen

HP QuickTest Professional stellt unterschiedliche Optionen zum Starten von Skripten bereit. Die Standardausführung des Testskripts erfolgt mit der Schaltfläche RUN. Die vor der Aufzeichnung vorgenommenen Einstellungen „Record and Run Settings" werden für den Start des Skripts übernommen. Je nach eingestellter Option wird der Test in einer neuen Anwendung gestartet bzw. in einem geöffneten Fenster ausgeführt. Um die Ablaufgeschwindigkeit der Ausführung regeln zu können, wurden zwei Optionen implementiert. Die erste Option „Fast" führt die Schritte schnellstmöglich durch, weshalb bei Testschritten, die für die Ausführung mehr Zeit benötigen, Fehler auftreten können. Bei der zweiten Option, kann der Anwender manuell die Verzögerung in Millisekunden zwischen zwei auszuführenden Testschritten bestimmen. Es empfiehlt sich die zweite Option zu wählen, da mit einer Verzögerung von zum Beispiel 2 Sekunden die ein oder andere „Wait(t)"-Methode unnötig wird.

Grundsätzlich kann ein Test mit der Schaltfläche STOP angehalten werden, jedoch erwiesen sich die Versuche ein laufendes Testskript zu stoppen als zähes Unterfangen. Da QTP zur Laufzeit des Skripts im Hintergrund ausgeführt wird, ist die Betätigung der entsprechenden Schaltfläche erst möglich, wenn QTP durch den Anwender in den Vordergrund geschaltet wird. Das Anhalten des Testskripts ist zwar nicht unmöglich, jedoch umständlich.

Eine weitere Option ermöglicht den Start des Skripts von einem bestimmten Testschritt. Dazu muss der Mauszeiger an die entsprechende Stelle gebracht werden, um anschließend den Befehl RUN FROM STEP über das Kontextmenü aufzurufen. Mit dieser Startoption werden unnötige Schritte übersprungen, um z.B. bearbeitete Testschritte schneller prüfen zu können. Der Test wird mit dieser Startoption bis zum Ende einer Action (siehe Kapitel 5.5.1) ausgeführt. Bei Testskripten mit mehreren Subactions ist diese Startoption nicht geeignet, um alle Subactions prüfen zu können.

Protokollierung

Die Ergebnisse eines Testdurchlaufs werden im HP Run Results Viewer dargestellt (Abbildung 5.19). Neben Informationen zur Ausführungszeit und dem Betriebssystem werden die Testergebnisse in Form von Schaubildern zum einfachen Verständnis dargestellt. Unterschiedliche Farben sollen den Status der durchlaufenen Testschritte verbildlichen. Diese vier Status sind möglich:

- **Passed (Grün):** Testschritt erfolgreich durchgeführt. Dieser Status wird erst möglich, wenn ein Checkpoint (siehe Kapitel 5.4.4) im Testskript erreicht wurde, z.B. nachdem die Preiskalkulation erfolgreich durchgeführt wurde.
- **Failed (Rot):** Testschritt fehlgeschlagen. Dieser Status bedeutet, dass ein Fehler in einem Testschritt aufgetreten ist, z.B. wenn eine Schaltfläche nicht betätigt werden konnte.
- **Warning (Gelb):** Testschritt hat eine Warnung ausgelöst. Dieser Status bedeutet, dass ein Testschritt ausgeführt werden konnte, es jedoch zu Verzögerungen oder Schwierigkeiten kam.
- **Done (Grau):** Testschritt ausgeführt. Das ist der Standardstatus, der immer ausgegeben wird, wenn keine Checkpoints implementiert wurden oder keine Fehler oder Warnungen aufgetreten sind.

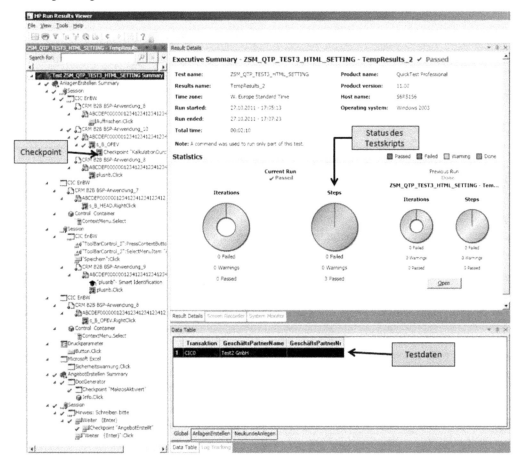

Abbildung 5.19 HP Run Result Viewer

Durch Anklicken eines Objekts in der Baumstruktur des linken Fensterbereichs können Informationen zum Objekt und dessen Testergebnis eingesehen werden. Die Einstellungen im HP

QTP ermöglichen die Aufzeichnung des Bildschirms bei einem fehlerhaften Testschritt, um bei der anschließenden Testauswertung nachvollziehen zu können, warum der Fehler aufgetreten ist. Zusätzlich können die Testdaten des letzten Testdurchlaufs in der Datentabelle eingesehen werden.

5.4.3 Parametrisierung in der Testkonfiguration

Das neue Test Automation Framework ermöglicht durch die starke Integration des Testwerkzeugs HP QTP in den SAP Solution Manager die zentrale Verwaltung von Testskripten und Testdaten. Die zentrale Verwaltung erhöht die Wiederverwendbarkeit und vereinfacht gleichzeitig die Bearbeitung. Die Möglichkeiten der Parametrisierung von Fixwerten im HP QTP wurden bereits erläutert. In diesem Abschnitt soll das Vorgehen zur Parametrisierung von Werten in der Testkonfiguration betrachtet werden.

Die Voraussetzung hierfür ist die Aktivierung der entsprechenden Option im HP QuickTest Professional. Mit dieser Option werden die Werte als „Test Parameter" hinterlegt und können über die globalen „Settings" des QTP bearbeitet werden. Beim Speichern des Skripts werden die Parameter mit den entsprechenden Werten in die Testkonfiguration transportiert.

Jeder Parameter verfügt über einen Namen, der ihn eindeutig identifiziert. Um die Lesbarkeit der Parameter aber auch des Skripts zu verbessern, empfiehlt es sich, eine einheitliche Schreibweise beizubehalten. Diese wird zum Beispiel dadurch ermöglicht, indem alle Importparameter mit „I_", alle Exportparameter mit „E_" und alle lokalen Variablen mit „V_" beginnen.

Um Änderungen der Parameter wirksam zu machen, sind im QTP folgende Schritte notwendig:

1. Bezeichnung der Parameter und Defaultwerte[12] in den globalen SETTINGS ändern.
2. Bezeichnung der Parameter und Defaultwerte in der entsprechenden Action ändern.
3. Globale Parameter den entsprechenden Parametern der Action zuweisen.
4. Parameter im Testskript anpassen.
5. Testskript speichern, damit alle Änderungen auch in die Testkonfiguration übertragen werden.

Abbildung 5.20 Varianten in der Testkonfiguration

---

[12] Während der Skriptaufzeichnung eingetragene Werte werden als Defaultwerte übernommen. Soll ein Parameter keine Defaultwerte enthalten, muss der Wert entfernt werden.

Die übertragenen Parameter werden in der Testkonfiguration als die Default-Variante ange-legt. Es gibt zwei Möglichkeiten die Variation der Testdaten zu erweitern. Zunächst einmal können Testdaten in Form einer manuellen Variante direkt in der Testkonfiguration in eine Tabelle eingegeben werden. Dabei entspricht eine Zeile einer Variante, die getestet werden soll. Diese Vorgehensweise ermöglicht eine schnelle Eingabe und ist für die Erstellung kleinerer Tests sinnvoll. Jedoch sind bei dieser Variante die Testdaten fest hinterlegt, weshalb die Wart-barkeit erschwert und eine Wiederverwendung in anderen Varianten oder mit anderen Testskripten unmöglich wird.

Eine bessere Lösung für die Verwaltung von Testdaten und Varianten stellt der Testdatencon-tainer dar. Bei dieser Vorgehensweise werden die Testdaten getrennt von Testskript und Test-konfiguration in einem separaten Testdatencontainern gespeichert. Dieser Container wird einer Konfiguration hinzugefügt und eine Teilmenge der darin enthaltenen Testdaten wird für den Testlauf ausgewählt und referenziert.

Prinzipiell gibt es mehrere Möglichkeiten Testdaten auf Container zu verteilen. Die einfachste ist einen Container pro Testkonfiguration zu erstellen. Dies führt jedoch zur Redundanz von Daten und erschwert die Wartbarkeit sehr. Werden die Daten in einem Container geändert, müssen die gleichen Daten in den weiteren Containern ebenfalls geändert werden. Dies ist aufwändig und fehleranfällig und bietet somit keinen Vorteil gegenüber der manuellen Varian-te.

Eine andere Variante besteht darin, einen Testdatencontainer pro Anwendung bzw. Geschäfts-prozess zu erstellen. In diesem werden die Daten für Testkonfigurationen dieses Geschäftspro-zesses gespeichert und so die Redundanz minimiert. Während der Untersuchungen erwies sich diese Variante als nutzbringend, da Testdaten in allen Skripten verwendet werden konnten. Bei einer großen Menge von Testdaten kann die Übersicht verloren gehen, weshalb die Handha-bung schwieriger wird.

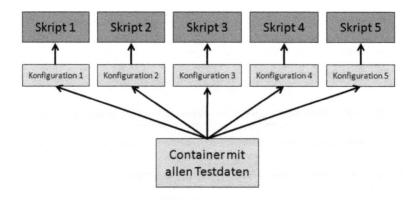

Abbildung 5.21 Ein zentraler Testdatencontainer

Ein Testdatencontainer bringt allerdings nur dann Vorteile, wenn die benötigten Parameter hinterlegt werden. Dies kann manuell geschehen, indem der Anwender die Parameter einzeln anlegt oder sie werden aus Testskripten oder anderen Testdatencontainern importiert. Dazu muss der Anwender das Menü BEARBEITEN – PARAMETER IMPORTIEREN wählen. Nach der Auswahl der Quelle können die gewünschten Parameter in den Testdatencontainer übernommen werden. Die Möglichkeit Parameter zu importieren minimiert bei großen Datenmengen nicht nur Zeit und Aufwand, sondern hilft zusätzlich Fehler zu vermeiden.

Sobald die benötigten Parameter im Testdatencontainer enthalten sind, können die Datensätze als Varianten eingegeben werden. Dabei besteht eine Variante aus einem konkreten Wert für jeden Parameter. Die erstellten Varianten müssen im letzten Schritt der Testkonfiguration zugewiesen werden, um eine Testdurchführung zu ermöglichen. Falls noch nicht geschehen, wird zunächst der Testdatencontainer mit den erstellten Varianten im Reiter KONFIGURATION hinzugefügt. Nun wird im Reiter VARIANTEN der Variantenassistent gestartet, in dem die für den Testlauf benötigten Varianten zusammengestellt werden.

Diese Art der Datenverwaltung erlaubt eine flexible und wiederholbare Ausführung von Testskripten und minimiert zusätzlich die Redundanz der Daten und den Wartungsaufwand.

5.4.4   Implementierung von Prüfungen

HP QuickTest Professional ermöglicht mit dem Hinzufügen von Checkpoints die Überprüfung der Eigenschaften eines Objekts. Beispielsweise kann mit einem Checkpoint die Ausgabe einer Statusmeldung oder die Darstellung eines Dialogs überprüft werden. Dadurch werden zusätzliche Informationen über den Status eines Testskripts wiedergegeben, womit eine bessere Auswertung des Testprotokolls ermöglicht wird.

Nachdem ein Objekt markiert wurde kann über das Menü bzw. Kontextmenü ein Checkpoint hinzugefügt werden. Im Dialog werden dann die Einstellungen für den Checkpoint vorgenommen. Beispielsweise kann bei der Ausgabe einer Statusnachricht gegen den Namen, die Nummer oder andere Eigenschaften geprüft werden. Ein weiteres Beispiel kann die Prüfung auf die Darstellung eines Fensters sein, in dem ein Testschritt ausgeführt wird. Dabei wird der Checkpoint direkt vor der Ausführung des Testschritts eingefügt (siehe Abbildung 5.22).

```
SAPGuiWindow("Hinweis: Schreiben bitte").SAPGuiButton("Weiter  (Enter)").Check CheckPoint("AngebotErstellt")
SAPGuiWindow("Hinweis: Schreiben bitte").SAPGuiButton("Weiter  (Enter)").Click
```

Abbildung 5.22 Checkpoint

Eine weitere Möglichkeit einem Testprotokoll mehr Aussagekraft zu verleihen bietet die Klasse „Reporter". Damit können bestimmte Ereignisse oder Notizen im Skript eingefügt werden. Anstatt eine Prüfung durchzuführen wird bei Erreichen des Reporters die hinterlegte Meldung mit dem entsprechenden Status ausgeben.

Reporter.ReportEvent <Statustyp>, „<Ereignisbezeichnung>", „<Ereignisbeschreibung>"

Reporter.ReportNote „<Notizbeschreibung>"

Da die Prüfung einer bestimmten Eigenschaft eines Objekts nicht immer möglich und nicht einfach zu erstellen ist, bietet das ReportEvent mit vier unterschiedlichen Statustypen (Done, Warning, Failed, Passed) die Möglichkeit eine vordefinierte Statusausgabe zu erstellen (siehe Abbildung 5.23). Bei erfolgreicher Ausführung des Reporters wird im Testprotokoll die Notiz bzw. das hinterlegte Ereignis mit dem entsprechenden Status ausgegeben.

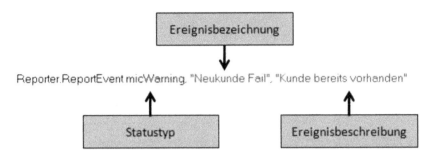

Abbildung 5.23 Beschreibung des Befehls Reporter

Einige QTP-Befehle wurden in den vorherigen Kapiteln bereits behandelt. Nachfolgend werden weitere wichtige Kommandos für die Arbeit mit QTP vorgestellt.

Das Konditional IF...THEN...ENDIF dient dazu, zwischen der Ausführung verschiedener Befehle umzuschalten.

> **IF <Bedingung 1> THEN**
>
> > **<Befehl 1>**
>
> **ELSE IF <Bedingung 2>**
>
> > **<Befehl 2>**
>
> **...**
>
> **ELSE**
>
> > **<Befehl 3>**
>
> **END IF**

Das Testwerkzeug wertet die Bedingungen der Reihe nach aus und führt den ersten Befehls-block aus, dessen zugehörige Bedingung zutrifft. Trifft keine Bedingung zu, wird der mit ELSE verknüpfte Befehl ausgeführt. Das Konditional muss genau einen IF-Teil haben, es kann belie-big viele ELSEIF-Teile enthalten und darf höchstens einen ELSE-Teil haben.

```
' Wenn eine GP Adresse vorhanden ist dann wähle die angelegte GP Adresse
If SAPGuiSession("Session").SAPGuiWindow("CIC EnBW").Page("Angebotsprozess Strom").SAPButton("Verbrauchstelle und Zählpunkt").Exist Then
    SAPGuiSession("Session").SAPGuiWindow("CIC EnBW").Page("Angebotsprozess Strom").SAPButton("Verbrauchstelle und Zählpunkt").Click

'ansonsten lege einen neuen Eintrag an
Else
    SAPGuiSession("Session").SAPGuiWindow("CIC EnBW").Page("Angebotsprozess Strom_2").SAPButton("Neuanlage").Click
End If
```

Abbildung 5.24 Das IF-Konditional

Eine weitere wichtige Anweisung ist die DO...LOOP-Schleife. Sie dient dazu, Befehle mehrfach, beispielsweise einmal pro Zeile einer Tabelle, auszuführen. Dabei kann die Anweisung vor oder nach dem Befehl erfolgen. Die erste Variante führt zu einer Auswertung der Anweisung bevor der Befehl ausgeführt wird. Wobei die zweite Variante zunächst den Befehl ausführt bevor es zu einer Auswertung der Anweisung kommt.

> **DO [WHILE <Anweisung>]**
>
> > **<Befehl>**
>
> **LOOP [WHILE <Anweisung>]**

Mit dem Befehl EXIT kann ein bedingter Abbruch einer Schleife oder eines Testfalls erzwungen werden. Dazu muss aber zwischen folgenden EXITs unterschieden werden:

- **ExitTest:** bricht den Test komplett ab.
- **ExitTestIteration:** bricht den aktuellen Testdurchlauf ab.
- **ExitActionIteration:** bricht die Ausführung der aktuellen Action ab.
- **ExitIteration:** bricht die aktuelle Iteration ab und springt zur Nächsten.
- **ExitDo:** bricht die DO-Schleife ab.

5.5 Modularisierung von Testskripten

Die einfachste Organisationsform eines Testfalls ist die Erstellung eines Skripts für den gesamten Geschäftsprozess, in dem Verzweigungen mit IF-Blöcken realisiert werden. Dies ist jedoch die schlechteste Form der Skripterstellung. Aufgrund der Größe wird das Skript leicht unübersichtlich und die Wahrscheinlichkeit, dass es mit einem weiteren Testfall harmonisiert ist gering. Zudem ist die Wiederverwendung von Einzelschritten in anderen Testfällen kaum möglich, da alle Einzelschritte in einem Skript zusammengefasst werden.

Eine andere Möglichkeit besteht darin, den Ablauf eines Testfalls in eine Sequenz aus Einzelskripten zu zerlegen. Dabei wird im letzten Schritt jeden einzelnen Skripts das nächste auszuführende Skript aufgerufen (siehe Abbildung 5.25). Diese Art der Skripterstellung ermöglicht aufgrund der kürzeren Skripte eine bessere Übersicht, jedoch ist die Wiederverwendung nicht gegeben, da durch die Referenz auf das nächste Skript die Fortsetzung des Ablaufs festgeschrieben ist. Weshalb diese Möglichkeit nur geringfügig besser ist als ein zentrales Skript.

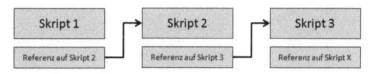

Abbildung 5.25 Sequenz von Skripten

Der beste Weg ist eine Sequenz von Skripten, die aus einem gemeinsamen Masterskript heraus aufgerufen werden. Der Testfall wird dazu in eine Sequenz von Skripten zerlegt, diese rufen sich jedoch nicht gegenseitig auf. Stattdessen werden die einzelnen Testskripte aus einem Masterskript in der richtigen Reihenfolge und den entsprechenden Parametern aufgerufen. Das Masterskript führt dabei keine Tests durch, sondern ruft die entsprechenden Skripte auf (siehe Abbildung 5.26).

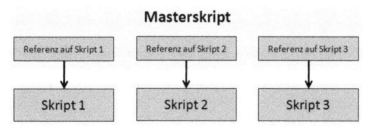

Abbildung 5.26 Masterskript

5.5.1 Modularisierung in HP QTP

Die Modularisierung in QTP basiert auf verschiedenen aufgezeichneten Aktionen, die von verschiedenen Tests aufgerufen werden können. Dazu kann ein Skript mit vielen Testschritten in verschiedene Aktionen unterteilt werden. Es gibt drei verschiedene Arten von Aktionen:

- **Non-reusable Action:** Diese Action kann nur durch den Test aufgerufen werden, in dem sie aufgezeichnet wurde.
- **Reusable Action:** Diese Action kann in jedem Test mehrfach aufgerufen werden.
- **External Action:** Eine wiederverwendbare Action, die in einem anderen Test entwickelt wurde.

Die Gestaltung von Testskripten kann in QTP aufgrund der verschiedenen Aktionen unterschiedlich ausfallen. Die einfachste Variante ist, die Aufzeichnung eines kompletten Geschäftsprozesses in einer Action abzulegen. Dadurch wird allerdings keine Wiederverwendung erreicht, weshalb von dieser Variante abzuraten ist. Mit den Funktionen zur Bearbeitung von Aktionen kann eine Action mit vielen Testschritten in unterschiedliche Actions zerlegt werden. Hierdurch ergibt sich die Möglichkeit zwei von einander losgelöste Aktionen zu erstellen oder zwei Aktionen, die durch eine Referenz miteinander verbunden sind. Die Abbildung 5.27 veranschaulicht die Möglichkeiten der Gestaltung.

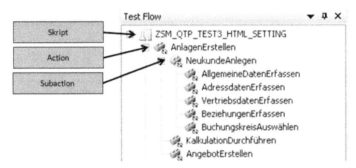

Abbildung 5.27 QTP Testsequenz

Eine Action wird wie folgt zerlegt:

- Markieren der Stelle, an der die Zerlegung der Action erfolgen soll. Dabei stellt der markierte Testschritt den ersten Schritt der nächsten Action dar.
- Über das Menü EDIT – ACTION – SPLIT ACTION wird der entsprechende Dialog geöffnet, in dem die Optionen zur Zerlegung der Action ausgewählt werden können. Die Bestätigung der vorgenommenen Einstellungen führt zur Zerlegung der Action.

Nach der Zerlegung der Aktion besteht zunächst keine Verbindung zwischen den unabhängigen Aktionen, weshalb der Test nicht vollständig durchgeführt werden kann. Durch eine Referenz auf die nächste Aktion kann eine Sequenz aus unterschiedlichen Aktionen erstellt werden, die einen Geschäftsprozess testet. Mit dem Befehl „RunAction" wird die nächste auszuführende Aktion ausgeführt.

RunAction „<Actionname>", <Anzahl der Durchläufe>, [<Parameter>]

Mit der Anzahl der Durchläufe wird angegeben, wie oft die referenzierte Aktion ausgeführt werden soll. Die Angabe der Parameter ist bei Verwendung der internen Datentabelle nicht notwendig, da QTP direkt auf die Parameter zugreifen kann. Allerdings müssen Testparameter aus dem Testdatencontainer des Test Automation Frameworks angegeben werden, damit die Ausführung des Skripts erfolgen kann. Werden hierbei keine Parameter übergeben, wird die Durchführung des Tests fehlschlagen.

Die Modularisierung der QTP-Skripte ermöglicht mit der Erstellung unterschiedlicher Aktionen und den Zugriff auf externe Aktionen eine Vielfalt der Testfallerstellung. Jedoch eignet sich diese Form der Testskripte nicht, um eine Wiederverwendung im Test Automation Framework zu erreichen. Vielmehr wird ein Skript benötigt, das auf einzelne Skripte referenziert und durch den Austausch von Referenzen das Testen unterschiedlicher Testfälle ermöglicht. Die Kombination aus eCATT- und QTP-Skripten erlaubt diesen Ansatz und ermöglicht dadurch die Wiederverwendung der Testskripte und eine höhere Testabdeckung durch weniger Skriptaufwand. Im nachfolgenden Abschnitt werden die Möglichkeiten näher betrachtet.

5.5.2 Modularisierung in eCATT

eCATT-Skripte besitzen die Eigenschaft andere Skripte aufzurufen und haben dadurch einen wesentlichen Vorteil bei der Modularisierung von Testskripten. Hierdurch wird es möglich, einen Geschäftsprozess in eine Kombination von einzelnen Geschäftsvorfällen zu zerlegen und diese jeweils durch ein eigenes Skript abzudecken. Der Aufruf eines anderen Skripts wird in eCATT mit dem Befehl „REF" realisiert.

REF (<Skript> , <Kommandoschnittstelle> , [<Zielsystem>]).

Dabei wird das angegebene Skript auf dem Zielsystem ausgeführt, während die Kommandoschnittstelle für die Übergabe der Importparameter zuständig ist. Nach erfolgreicher Ausführung befinden sich die Exportparameter des aufgerufenen Skripts in der Kommandoschnittstelle und können vom aufrufenden Skript verwendet werden.

Der Befehl „REF" kann allerdings nur eCATT-Skripte aufrufen, weshalb das Testen von heterogenen Systemen in der genannten Konstellation nicht möglich ist. Hier wird ein Befehl benötigt, der externe Skripte ausführen kann. An dieser Stelle kann der Befehl „REFEXT" Abhilfe schaffen, denn damit wird auf ein externes Skript verwiesen, das im eCATT gestartet wird.

REFEXT (<Externes Skript> , <Kommandoschnittstelle> , [<Version>]).

Der Aufbau und Ablauf des Befehls ähnelt dem des Befehls „REF", mit dem Unterschied, dass hier auf ein externes Skript verwiesen wird und die Angabe des Zielsystems entfällt. Das Zielsystem wird im externen Skript erfasst. Optional kann an dieser Stelle die Version des auszuführenden Skripts angegeben werden. Existieren mehrere Versionen des gleichen externen Skripts ist die Angabe der Version verpflichtend, damit der richtige Testfall durchgeführt werden kann. Die Kommandoschnittstelle sorgt für die Übergabe der Parameter. Werden die Parameter eines Skripts in einem weiteren Skript benötigt, läuft das wie folgt ab: Ein Exportparameter des Skript 1 wird einer lokalen Variable des Masterskripts zugewiesen. Im nächsten Schritt wird diese Variable als Importparameter im nachfolgenden Skript hinterlegt. Dadurch wird die Übertragung der Werte zwischen zwei Skripten ermöglicht. Durch das Einführen zusätzlicher Importparameter steigt die Chance auf eine Wiederverwendung, da man dem Skript flexibler Werte übergeben kann. Zwischenergebnisse sollten aus dem gleichen Grund als Exportparameter nach außen geführt werden.

Die Kombination aus den beiden Befehlen „REF" und „REFEXT" ermöglicht die Zusammenstellung unterschiedlicher Skripte, die verschiedene Geschäftsprozesse testen können. In einem

Masterskript können auf diese Weise sowohl eCATT- als auch QTP- oder andere Skripte referenziert werden. Diese Eigenschaft ermöglicht eine Flexibilität bei der Gestaltung von Testfällen und erhöht die Wiederverwendbarkeit der Testskripte.

Für die Umsetzung des Geschäftsprozesses „Angebotserstellung" aus Kapitel 4 bedeuten die Möglichkeiten der Modularisierung im eCATT folgendes:

- Der Geschäftsprozess wird in diese fünf Geschäftsvorfälle „Neukunde anlegen", „Zählpunkt anlegen", „Kalkulation durchführen", „Angebotsstatus ändern" und „Angebot erstellen" zerlegt.

- Da die Benutzeroberfläche der einzelnen Geschäftsvorfälle aus unterschiedlichen Technologien besteht, ist der Einsatz eines externen Testwerkzeugs von Nöten.

- Die Geschäftsvorfälle werden mit dem Testautomatisierungswerkzeug HP QTP einzeln aufgezeichnet. Der Einsatz des SAP-eigenen Testwerkzeugs ist nicht möglich, da kein Geschäftsvorfall aus der reinen SAP GUI besteht, so dass die Aufzeichnung damit durchgeführt werden könnte.

- Die unabhängige Ausführung der einzelnen Skripte wird ermöglicht.

- In einem eCATT-Masterskript „Angebotserstellung" werden die einzelnen Testskripte mit dem Befehl „REFEXT" in der richtigen Reihenfolge referenziert. Dieses Skript ist allein für die Ausführung der einzelnen Testskripte zuständig. Hier finden keine zusätzlichen Prüfungen statt.

- Ein gemeinsamer Testdatencontainer versorgt alle Testkonfigurationen mit Testdaten und minimiert dadurch Redundanzen.

Die Abbildung 5.27 stellt die genannten Punkte bildlich dar.

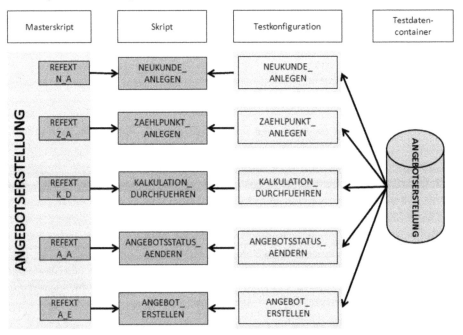

Abbildung 5.28 Sequenzen von Skripten in einem Masterskript mit einem Testdatencontainer

5.6 Start und Protokollierung von Skripten im TAF

In den vorhergehenden Abschnitten wurde die Aufzeichnung und Bearbeitung externer Skripte im HP QTP und Test Automation Framework ausführlich beschrieben. Allerdings stellt ein Testskript keinen großen Wert dar, ohne Ausführung des Skripts und der anschließenden Analyse der Ergebnisse. Da die Ausführung von Skripten im QTP bereits beschreiben wurde, werden nachfolgend die Möglichkeiten der Testausführung im Test Automation Framework beschrieben.

Die nahtlose Integration des HP QuickTest Professional in den SAP Solution Manager ermöglicht durch neue Funktionen eine höhere Vielfalt bei der Durchführung und Auswertung automatisierter Tests. Neben der Ausführung und Auswertung der Skripte im externen Testwerkzeug, wie in Kapitel 5.4 beschrieben, können Testfälle direkt aus dem Test Automation Framework gestartet und anschließend analysiert werden.

5.6.1 Ausführen von Skripten

Prinzipiell existieren zwei Möglichkeiten externe Testskripte aus dem SAP Solution Manager auszuführen:

1. **Konfigurationseditor:** Sobald eine Testkonfiguration erstellt ist, kann diese direkt aus dem Konfigurationseditor gestartet werden. In diesem Fall nehmen die Importparameter die Werte an, die in der Konfiguration hinterlegt wurden, und die Verweise auf den Testdatencontainer werden dazu zur Laufzeit aufgelöst. Für jede im Varianteneditor selektierte Variante wird die Skriptausführung einmal wiederholt und der in der Testkonfiguration hinterlegte Systemdatencontainer für den Systemverweis genutzt.

2. **Projektkonfiguration:** Diese Möglichkeit erlaubt den Start mehrerer Testkonfigurationen in einem Schritt. Hierbei werden mehrere Testkonfigurationen in einem Testplan zusammengefasst und in einem Massenstart ausgeführt. Hierdurch werden Integrationstests möglich, die Geschäftsprozesse im Sinne einer End-to-End-Abdeckung testen. Die Funktionalität dieser Möglichkeit ist für die Ausführung externer Skripte noch nicht ausgereift, weshalb es während der Untersuchungen zu Schwierigkeiten bei Übergabe der richtigen Daten, wie Systemdatencontainer oder Zielsystem, kam. Mit den kommenden Erweiterungen der Funktionalität kann diese Möglichkeit die Erstellung eines Masterskripts ersetzen, wodurch eine größere Flexibilität in der Zusammenstellung von Testplänen erreicht wird.

Für die Ausführung von eCATT-Skripten, wie z.B. das Masterskript, kommen neben den genannten Möglichkeiten folgende hinzu:

1. **Skripteditor:** Wie auch QTP ermöglicht eCATT den Start des Skripts direkt aus dem Skripteditor heraus. Zur Ausführung des Skripts muss der Anwender die entsprechende Schaltfläche betätigen und bei Bedarf einen Systemdatencontainer und ein Zielsystem angeben. Im Register PARAMETER der Startoptionen können Werte für die einmalige Testausführung hinterlegt werden. Werden keine Werte eingetragen, verbleiben die Inputparameter auf den Standardwerten. Diese Vorgehensweise empfiehlt sich während der Skriptentwicklung, um mit minimalem Aufwand erste Probedurchläufe zu realisieren. Wird das eCATT-Skript als Masterskript für die Ausführung mehrerer Skripte erstellt, ist der Start des eCATT-Skripts aus der Testkonfiguration zu empfehlen.

2. **Protokoll:** Diese Möglichkeit erlaubt den Neustart des Skripts aus dem Protokoll heraus. Besonders wenn Änderungen am Testszenario vorgenommen wurden, kann die Ausführung des Tests mit den Parameterwerten und den Startbedingungen eines vorherigen Testlaufs zum Vergleich wichtig sein. Der Test oder nur Teile des Tests können aus dem entsprechenden Protokoll heraus erneut gestartet werden, um somit unter den gleichen Bedingungen zu testen.

Startoptionen

Abhängig davon, auf welchem der beschriebenen Wege ein Skript im Test Automation Framework gestartet wird, existieren verschiedene Startoptionen zur Beeinflussung der Skriptausführung (siehe Abbildung 5.29). Für das Verhalten im Fehlerfall stehen folgende Optionen zur Auswahl:

- Abbruch, weiter mit nächster Variante
- Abbruch, weiter mit nächster Testkonfiguration
- Abbruch des Startvorgangs
- Kein Abbruch, weiter mit nächstem Skriptkommando

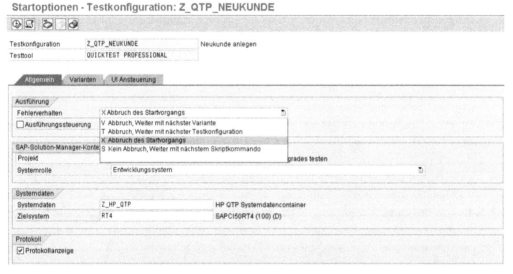

Abbildung 5.29 Skriptverhalten bei Fehlereintritt

Die Optionen steuern, wie im Falle des Auftretens eines unerwarteten Fehlers verfahren werden soll. Während in einem eCATT-Skript unterschiedliche Situationen zu einem unerwarteten Fehler führen können, ist die Interpretation eines Fehlers im externen Skript für das Test Automation Framework nicht möglich, weshalb jeder während der Ausführung aufgetretene Fehler als unerwarteter Fehler eingestuft wird. Die konkrete Analyse des Fehlers kann erst im externen Protokoll erfolgen. Tritt ein unerwarteter Fehler auf, so wird in einem eCATT-Skript entsprechend den oben angegebenen Optionen verfahren.

Für die Ausführung eines externen Skripts mit einer Variante sollte die Default-Option „Abbruch des Startvorgangs" beibehalten werden. Wobei die Auswahl der Optionen bei der Ausführung eines externen Skripts keine Auswirkungen auf das Verhalten des Skripts beim Eintritt eines Fehlers hat. Beim Start eines externen Skripts aus der Testkonfiguration wird die Ausführung bei Eintritt eines Fehlers nicht wie erwartet abgebrochen, sondern bis zum letzten Testschritt ausgeführt. Dies hat zur Folge, dass nach dem fehlerhaften Testschritt alle weiteren Schritte nicht ausgeführt werden können. An dieser Stelle ist die Integration des HP QuickTest Professional in den SAP Solution Manager nicht genügend ausgereift.

Bei der Ausführung eines Masterskripts (eCATT-Skript) mit referenzierten externen Skripten, zeigt die selektierte Option erst nach der Ausführung eines Skripts ihre Wirkung. D.h. bei einem Masterskript mit Beispielsweise drei referenzierten Skripten und der Option „Abbruch des Startvorgangs" wird das Masterskript abgebrochen, wenn eins der Skripte einen unerwarteten Fehler aufweist.

Unter dem Punkt SYSTEMDATEN kann der Anwender vor dem Start einen Systemdatencontainer und ein Zielsystem angeben oder austauschen. Bei dieser Option werden die in der Testkonfiguration hinterlegten Werte überschrieben. Diese Vorgehensweise eignet sich, um einen verfügbaren Testfall ohne großen Aufwand in einer anderen Systemumgebung auszuführen. Damit nach der Ausführung eines externen Testskripts das Protokoll zur Analyse der Testergebnisse dargestellt wird, muss das entsprechende Kontrollkästchen unter dem Punkt PROTOKOLL aktiviert werden. Zusätzlich können im Reiter PARAMETER zu allen Importparameter des Skripts Testdaten hinterlegt werden.

Lights-out-Tests

Neben der manuellen Ansteuerung zur Ausführung automatisierter Tests, ermöglicht eine neue Funktion im SAP Solution Manager 7.1, eine unbeaufsichtigte Ausführung von Testfällen zu einem gewünschten Zeitpunkt. Der Anwender legt Startdatum und Uhrzeit fest, sodass die Testausführung über einen entsprechenden Job automatisch gestartet wird. Während der Ausführung werden die Testdaten sowie Informationen zur Systemlandschaft an die automatisierten Testfälle übergeben. Im Anschluss an die Ausführung der Tests werden die Ergebnisse an die Statusanalyse der Test Workbench übertragen.

Versionierung

Weiterentwicklung und Fehlerbehebungen führen im Laufe der Zeit zu verschiedenen Versionen einer Software. In Unternehmen kann es durchaus vorkommen, dass mehrere Instanzen einer Software zur gleichen Zeit in unterschiedlichen Versionen betrieben werden. Um eine reibungslose Funktionalität aller Versionen zu gewährleisten, müssen unterschiedliche Versionen eines automatisierten Tests zur Verfügung gestellt werden.

eCATT bietet Möglichkeiten zur gleichzeitigen Bereitstellung mehrerer Versionen eines automatisierten Tests an. Die Idee dahinter ist die Versionierung der Objekte des automatisierten Tests analog zur Versionierung der zu testenden Software. Somit wird für jede unterschiedliche Version der zu testenden Anwendung ein Test sichergestellt. Dabei können die Unterschiede im Skript selbst oder im Testdatencontainer liegen. Ein wesentliches Feature von eCATT ist, dass das Testwerkzeug zur Laufzeit automatisch die passende Version des Skripts der zu testenden Anwendung auswählt. Die Auswahl des richtigen Skripts wird über einen Abgleich der Software-Release-Informationen des zu testenden Systems mit einer Attributierung der Testskriptversionen erreicht.

Um eine neue Version eines Testskripts zu erzeugen, wird zu einem bereits existierenden Skript ein neues Testskript erstellt. Dies kann in der Transaktion SECATT erfolgen. Der Anwender muss den Namen des bereits existierenden Skripts eingeben und die Schaltfläche NEUES SKRIPT ERZEUGEN betätigen. Daraufhin wird er gefragt, ob eine neue Version erzeugt oder das existierende Skript bearbeitet werden soll.

Vor jedem Aufruf des Skripts wird die Auswahl der Skriptversion auf Basis des Zielsystems neu vorgenommen. Wenn also das gleiche Skript auf unterschiedlichen Systemen aufgerufen wird, wird für jeden Aufruf die für das jeweilige Zielsystem passende Version des Skripts ermittelt und ausgeführt. Diese automatische Erkennung der passenden Version ist bei externen Skripten nicht möglich, da die Software-Release-Informationen mit HP QTP nicht aufgezeichnet werden können. Aus diesem Grund ist die Angabe der auszuführenden Version des externen Skripts vom Anwender vorzunehmen.

5.6.2 Protokollierung

Ein Protokoll ist der Nachweis einer Skriptausführung und dient der Überprüfung des Verlaufs und der Ergebnisse. Damit können bei der Ausführung aufgetretene Fehler identifiziert und analysiert werden, weshalb nach jedem Testlauf ein Protokoll generiert werden sollte. Um zu einem späteren Zeitpunkt auf ein Protokoll zurückgreifen zu können, empfiehlt es sich Protokolle zu archiviert, anstatt sie zu löschen.

Bei jeder Ausführung eines Testskripts oder einer Testkonfiguration wird ein Protokoll generiert, wobei die Darstellung des Protokolls vom Testfalltyp abhängig ist. Ein externes Skript kann zwar aus der Testkonfiguration gestartet werden, für die Durchführung des Tests ist trotzdem das externe Testwerkzeug zuständig, welches auch die Struktur des Protokolls vorgibt. Das Protokoll der Testwerkzeuge eCATT und QTP zeigt eine hierarchische Struktur mit Knoten an, deren Aufbau vom jeweiligen individuell gestalteten Testskript abhängt.

Standardmäßig ist bei der Ausführung einer Testkonfiguration die Anzeige des Testprotokolls deaktiviert. Diese Funktion kann vor der Ausführung in den Startoptionen aktiviert werden (siehe Abbildung 6.29). Nach der Ausführung eines externen Testskripts wird das Protokoll des jeweiligen Testwerkzeugs angezeigt. In Kapitel 5.4.2 ist das Testprotokoll des HP QuickTest Professional beschrieben.

5.7 Fazit der Analyse

Anhand der Analyseergebnisse des Test Automation Frameworks fällt die Beurteilung der Erweiterungen und der neuen Funktionen positiv aus. Das Testautomatisierungswerkzeug HP QuickTest Professional lässt sich in nur wenigen Schritten in den SAP Solution Manager 7.1 vollständig integrieren und erhöht mit seiner Funktionalität die Testmöglichkeiten verschiedener Benutzeroberflächen. Hierdurch wird die vollständige Testautomatisierung von Geschäftsprozessen in heterogenen Systemlandschaften ermöglicht.

Das neue Test Automation Framework spielt eine wichtige Rolle in der Automatisierung von Testfällen im SAP-Umfeld. Es erlaubt die zentrale Verwaltung von internen und externen Testskripten im SAP Solution Manager, wodurch die Aufzeichnung und Bearbeitung von Skripten einfacher ausfällt, da eine bessere Übersicht der Testfälle gegeben ist. Außerdem ist die Ausführung externer Testskripte direkt in der Testkonfiguration mit wenigen Klicks möglich, ohne das externe Testwerkzeug explizit starten zu müssen. Weiterhin ist der Transport von Parametern zu erwähnen, der die zentrale Verwaltung der Daten im Testdatencontainer erlaubt und somit die Wiederverwendung von Testdaten ermöglicht. Durch die Integration können Varianten in der Testkonfiguration erstellt und bearbeitet werden, um somit externe Testfälle mit Daten aus dem SAP Solution Manager zu bedienen und unterschiedliche Testszenarien zu gestalten. Der größte Negativpunkt liegt hier beim Anhalten eines externen Skripts, das aus der Testkonfiguration gestartet wurde. Hierfür wird im SAP Solution Manager keine Funktion geliefert, die einen manuellen Abbruch eines Tests ermöglicht, weshalb das Ende einer irrtümlich gestarteten Testkonfiguration abgewartet werden muss oder die Ausführung nur auf eine umständliche Weise abgebrochen werden kann.

Das Testautomatisierungswerkzeug HP QTP ist eine effektive Ergänzung zum SAP-eigenen Testwerkzeug eCATT für die Erstellung automatisierter Tests im SAP- und Nicht-SAP-Umfeld. Mit der automatischen Identifizierung von Objekten verschiedener Technologien wird eine einfache Aufzeichnung von systemübergreifenden Geschäftsprozessen ermöglicht. Funktionen, wie z.B. Object Spy, können Objekte, die während der Aufnahme nicht aufgezeichnet wurden, nachträglich identifiziert und im Skript verwenden. Weiterhin können mit zusätzlichen Funktionen bestimmte Prüfungen und unterschiedliche Ablauffolgen durchgeführt werden. Zu kritisieren sind jedoch die unterschiedlichen Aufzeichnungsmodi, mit denen zwar alle Schritte aufgezeichnet werden können, die allerdings die Aufzeichnung bzw. Bearbeitung des Skripts verzögern. Der Anwender muss genau wissen, welcher Modus für welches Objekt aktiviert sein muss, um eine nachträgliche Bearbeitung des Skripts zu vermeiden. Ein weiterer Kritikpunkt ist das zusätzliche Einfügen von Delays (Wait(t)), damit bei der Ausführung eines langandauernden Testschritts kein Fehler entsteht. Das zusätzliche Hinzufügen von Delays kann wiederrum den Arbeits- und Zeitaufwand wesentlich erhöhen.

Trotz des hohen Aufwands, der bei der Erstellung automatisierter Tests entsteht, kann sich die Automatisierung bereits nach wenigen Testdurchläufen lohnen. Hierbei sollte jedoch auf richtige Verwendung der Testwerkzeuge und vor allem auf die Wiederverwendbarkeit der Skripte geachtet werden. Der modulare Aufbau der Testskripte ist für ihre Wiederverwendung in verschiedenen Testfällen von hoher Bedeutung.

Die Kombination aus eCATT- und QTP-Skripten ist der richtige Ansatz zur effektiven Testautomatisierung im SAP Solution Manager. Während eCATT-Skripte für das Testen der reinen SAP GUI-Oberfläche eingesetzt werden sollten, können mit QTP-Skripten weitere Benutzeroberflächen abgedeckt werden. In einem Masterskript werden die entsprechenden Skripte in der richtigen Reihenfolge zu einem Testfall erstellt.

Diese Analyse hat gezeigt, dass das neue Test Automation Framework in Kombination mit dem Partner-Testwerkzeug HP QuickTest Professional eine Vielfalt an technischen Möglichkeiten mitbringt und einen großen Nutzen in der Testautomatisierung von systemübergreifenden Geschäftsprozessen hat. Infolgedessen ist der Einsatz der Testwerkzeuge zu empfehlen, schließlich kann die korrekte Verwendung der Werkzeuge zu einer höheren Qualität und geringerem Aufwand beim Testen führen. Außerdem ermöglichen automatisierte Tests durch ihre Wiederverwendung die identische Abfolge von Testschritten, womit eine bessere Qualitätssicherung erreicht wird.

6 Zusammenfassung und Ausblick

Die stetige Erweiterung von Geschäftsfunktionen und ihre Implementierung in die IT stellen viele Unternehmen vor zahlreiche Herausforderungen. Sie müssen einerseits für die Aktualität ihrer Softwaresysteme sorgen und trotz steigender Komplexität fehlerfreie und performante Lösungen bereitstellen, andererseits dürfen bestehende Geschäftsabläufe durch Innovationen nicht beeinträchtigt werden. Unter diesen Bedingungen ist es sehr wichtig eine Software nach vorgenommenen Änderungen auf ihre korrekte Funktionalität zu testen. Es sollte jedem bewusst sein, dass Änderungen an einer Software unterschiedliche Auswirkungen auf ihre Gesamtfunktionalität haben können. Dabei spielt die Art der Änderung, ob durch Update, Customizing oder Eigenentwicklung vorgenommen, eine untergeordnete Rolle. Um die fehlerfreie Funktionalität der Software gewährleisten zu können, ist das ständige Testen sämtlicher Änderungen und Geschäftsprozesse von hoher Bedeutung. Regressionstests ermöglichen an dieser Stelle eine Wiederholung der Testabläufe, wodurch die Funktionalität gegebener Geschäftsprozesse gesichert werden kann.

Testautomatisierung bietet viele Möglichkeiten, die den Anwender von der Erstellung über Ausführung bis zur Auswertung von Tests unterstützen und Hilfestellung leisten. So können beispielsweise automatisierte Regressionstests für eine gleichbleibende Wiederholung der Testdurchläufe sorgen und anhand der Ergebnisse einen Vergleich der Tests ermöglichen. Ein weiterer Vorteil bei richtiger Verwendung der Testautomatisierung liegt in der möglichen Verringerung des Testaufwands und der Minimierung des Zeitplans. Gewiss kann aufgrund der Einarbeitung in ein Testautomatisierungswerkzeug und der detaillierten Beschreibung des Testplans der Aufwand zunehmen, durch die Wiederholbarkeit der Tests wird aber bereits nach wenigen Durchläufen ein Mehrwert sichtbar.

Testwerkzeuge bieten eine riesige Bandbreite an Funktionalität und können dadurch mehr Qualität in die Bearbeitung von Aufgaben bringen. Mit dem SAP Solution Manager liefert SAP eine Lösung, die den kompletten Lebenszyklus einer Anwendung, von der Implementierung über den Betrieb bis zur kontinuierlichen Verbesserung, abdeckt. Die für das Testen und die Qualitätssicherung notwendigen Methoden, Prozesse und Werkzeuge bringt die Lösung ebenfalls mit. Durch die Erweiterung der Funktionen im Testmanagement und der Testautomatisierung ergeben sich viele Möglichkeiten in der Erstellung, Ausführung und Verwaltung von Tests. Dazu stehen im SAP Solution Manager drei Testoptionen zur Verfügung, die differente Ansätze für das Testen liefern.

Die Testoption 1 erlaubt mit ihren Werkzeugen und Funktionen die komplette Umsetzung des Testprozesses im SAP Solution Manager. Allerdings erfordert die Testautomatisierung von heterogenen Systemen den Einsatz von Nicht-SAP-Werkzeugen. Um ein lückenloses Testen technologieübergreifender Geschäftsprozesse zu ermöglichen, wird über eine Schnittstelle ein externes Testwerkzeug in das neue Test Automation Framework integriert.

Diese Arbeit führt eine Analyse des neuen Test Automation Frameworks und des integrierten Partner-Werkzeugs HP QuickTest Professional durch und zeigt anhand eines Beispiels die technischen Möglichkeiten der Testautomatisierung von technologieübergreifenden Geschäftsprozessen im SAP-Umfeld.

Mit dem SAP-Testwerkzeug eCATT wird das automatisierte Testen im SAP-Umfeld stark auf die beiden SAP-Technologien SAP GUI und teilweise Web Dynpro eingeschränkt. Weshalb Geschäftsprozesse nicht vollständig bzw. gar nicht automatisiert getestet werden können, wie beispielsweise im SAP CRM, das auf den Technologien SAP BSP bzw. CRM Web UI basiert. An dieser Stelle kann der Einsatz des Testautomatisierungswerkzeugs HP QTP Abhilfe schaffen. Das Testwerkzeug kann durch das Installieren von zusätzlichen Add-Ins nahezu alle Technologien aufzeichnen und ermöglicht hierdurch das Testen von verschiedenen Benutzeroberflächen. Die Kombination aus den beiden Werkzeugen eCATT und HP QTP erlaubt eine effektive Automatisierung der Tests und ermöglicht eine größere Flexibilität und Wiederverwendung der Testskripte.

Mit dem neuen Test Automation Framework können externe Testwerkzeuge in den SAP Solution Manager vollständig integriert werden, wodurch nicht nur die zentrale Verwaltung von eCATT- und QTP-Skripten erlaubt, sondern zusätzlich das Ausführen aus der Testkonfiguration ermöglicht wird. Ein weiterer Vorteil, der sich daraus ergibt, ist der gemeinsame Testdatencontainer für alle Testskripte eines Testfalls. Hierdurch werden nicht nur Redundanzen vermieden, sondern die Wiederverwendung der Testdaten maximiert.

Die Ergebnisse dieser Thesis zeigen deutlich, dass in der neuen Version des SAP Solution Managers viele Erweiterungen im Bereich Testmanagement und Testautomatisierung implementiert wurden, die das automatisierte Testen ermöglichen und durch die zentrale Verwaltung vereinfachen. Weshalb die Verwendung der zur Verfügung stehenden Testwerkzeuge empfehlenswert ist. Bevor jedoch willkürlich mit der Testautomatisierung begonnen wird, ist die ausführliche Einarbeitung in die Testwerkzeuge und die detaillierte Planung eines Testplans vorzunehmen, damit keine überhöhten Arbeits- und Zeitaufwände entstehen.

Quellverzeichnis

Literaturquellen

[BaMc09] - Bath, G. / McKay, J.: "Praxiswissen Softwaretest- Test Analyst und Technical Test Analyst" (1. Auflage), Dpunkt-Verlag, 2009

[Blac07] - Black, R.: "Pragmatic software testing: becoming an effective and efficient test professional" (1. Auflage), Wiley, 2007

[Dowi08] - Dowie, U.: „Testaufwandsschätzung in der Softwareentwicklung: Modell der Einflussfaktoren und Methode zur organisationsspezifischen Aufwandsschätzung" (1. Auflage), BoD – Books on Demand, 2008

[DuRP00] - Dustin, E. / Rashka, J. / Paul, J.: „Software automatisch testen: Verfahren, Handhabung, Leistung" (1. Auflage), Springer, 2000

[Fran07] - Franz, K.: „Handbuch zum Testen von Web-Applikationen: Testverfahren, Werkzeuge, Praxistipps"(1. Auflage), Springer, 2007

[GrFe99] - Graham, D. / Fewster, M.: "Software test automation: effective use of test execution tools", (1. Auflage), Addison-Wesley, 1999

[HeTr09] - Helfen, M. / Trauthwein, H. M.: „SAP-Lösungen testen" (2. Auflage), Galileo Press GmbH, 2009

[Ligg09] - Liggesmeyer, P.: „Software-Qualität: Testen, Analysieren und Verifizieren von Software" (2. Auflage), Springer, 2009

[Naum09] - Naumann, J.: „Praxisbuch eCATT" (1. Auflage), Galileo Press GmbH, 2009

[PeYo09] - Pezzè, M. / Young, M.: „Software testen und analysieren" (1. Auflage), Oldenbourg, 2009

[ScMe11] -Schäfer, M. O. / Melich, M.: „SAP Solution Manager" (3. Auflage), Galileo Press GmbH, 2011

[SpLi10] - Spillner, A. / Linz, T.: „Basiswissen Softwaretest: Aus- und Weiterbildung zum Certified Tester- Foundation Level nach ISTQB-Standard" (4. Auflage), Dpunkt-Verlag, 2010

[SRWL06] - Spillner, A. / Roßner, T. / Winter, M. / Linz, T.: „Praxiswissen Softwaretest - Testmanagement: Aus- und Weiterbildung zum Certified Tester" (1. Auflage), Dpunkt-Verlag, 2006

[Vive10] - Vivenzio, A.: „Testautomation mit SAP" (1. Auflage), Vieweg Teubner, 2010

Quellen aus dem Internet

[INET01] – computerwoche – [Software-Testing - Vom Kostenfaktor zum Erfolgsgaranten] – http://www.computerwoche.de/software/software-infrastruktur/1863939/

[Letzter Zugriff: 15.10.2011]

[INET02] – computerwoche – [Wer zu spät testet, verschleudert Geld] –
http://www.computerwoche.de/software/office-collaboration/581145/
[Letzter Zugriff: 15.10.2011]

[INET03] – computerwoche – [Die zehn größten Fehler im Software-Test-Management] –
http://www.computerwoche.de/software/software-infrastruktur/1877489/
[Letzter Zugriff: 15.10.2011]

[INET04] – SAP Help – [SAP Customuzing & Entwicklung] –
http://help.sap.com/saphelp_46c/helpdata/de/2e/d9455e94f911d283d40000e829fbbd/conte
nt.htm
[Letzter Zugriff: 09.12.2011]

[INET05] – computerwoche – [Automatisierter SAP-Test spart Geld] –
http://www.computerwoche.de/software/erp/1894676/
[Letzter Zugriff: 13.10.2011]

[INET06] – Wikipedia – [V-Modell] –
http://de.wikipedia.org/wiki/V-Modell
[Letzter Zugriff: 10.12.2011]

[INET07] – SAP – [SAP Solution Manager] –
http://www.sap.com/germany/plattform/netweaver/components/solutionmanager/index.epx
[Letzter Zugriff: 16.01.2012]

[INET08] – SAP Development Network – [Application Lifecycle Management] –
http://www.sdn.sap.com/irj/sdn/alm-introduction
[Letzter Zugriff: 18.12.2011]

[INET09] – SAP Help – [Testmanagement] –
http://help.sap.com/saphelp_sm71_sp01/helpdata/de/2e/e7769b243b4d0993429c71996f985
e/content.htm
[Letzter Zugriff: 18.12.2011]

[INET10] – Wikipedia – [Customer Relationship Management] –

http://de.wikipedia.org/wiki/Customer-Relationship-Management

[Letzter Zugriff: 09.12.2011]

[INET11] – SAP Help – [eCATT] –

http://help.sap.com/saphelp_nw04/helpdata/de/1b/e81c3b84e65e7be10000000a11402f/cont
ent.htm

[Letzter Zugriff: 09.12.2011]

[INET12] – Wikipedia – [SAP GUI] –

http://de.wikipedia.org/wiki/SAP_GUI

[Letzter Zugriff: 10.12.2011]

[INET13] – SAP Help – [SAP BSP] –

http://de.wikipedia.org/wiki/Business_Server_Pages

[Letzter Zugriff: 10.12.2011]

[INET14] – SAP Bibliothek – [SAP Solution Manager] –

http://help.sap.com/saphelp_sm71_sp01/helpdata/de/45/51fbdbd4941803e10000000a1553f7
/frameset.htm

 [Letzter Zugriff: 16.10.2011]

[INET15] – SAP Bibliothek – [Testoption 1] –

http://help.sap.com/saphelp_sm71_sp01/helpdata/de/45/51fbdbd4941803e10000000a1553f7
/frameset.htm

[Letzter Zugriff: 16.10.2011]

[INET16] – SAP Deutschland – [SAP Solution Manager] –

http://www.sap.com/germany/plattform/netweaver/components/solutionmanager/index.epx

 [Letzter Zugriff: 18.10.2011]

Weitere Quellen

[SONS01] – Testmanagement mit dem neuen eCATT – SAP Schulungsunterlagen CA611

[SONS02] – SAP SolMan 7.1 HowTo_Guide_TestAutomationFramework – SAP Guide zur Konfiguration des Test Automation Frameworks

[SONS03] – Traber, J.: VBScript (VBS) – Seminarvortrag

Anhang A – Quellcode der Testskripte

Neukunde anlegen – Z_QTP_NEUKUNDE

```
SAPGuiSession("Session").SAPGuiWindow("SAP Easy Access - Benutzerme").Maximize
SAPGuiSession("Session").SAPGuiWindow("SAP Easy Access - Benutzerme").SAPGuiOKCode("OKCode").Set Parameter("OKCode_Text")
SAPGuiSession("Session").SAPGuiWindow("SAP Easy Access - Benutzerme").SendKey ENTER
SAPGuiSession("Session").SAPGuiWindow("Organisation auswählen").SAPGuiLabel("B2B Park").SetFocus
SAPGuiSession("Session").SAPGuiWindow("Organisation auswählen").SAPGuiLabel("B2B Park").SetCaretPos 0
SAPGuiSession("Session").SAPGuiWindow("Organisation auswählen").SAPGuiButton("Übernehmen  (Enter)").Click

SAPGuiSession("Session").SAPGuiWindow("CIC EnBW").SAPGuiEdit("Geschäftspartner-Name").Set Parameter("Name_Text")
SAPGuiSession("Session").SAPGuiWindow("CIC EnBW").SendKey ENTER

If SAPGuiSession("Session").SAPGuiWindow("Organisation auswählen").Exist Then

        SAPGuiSession("Session").SAPGuiWindow("Organisation auswählen").SAPGuiButton("Abbrechen   (F12)").Click
        Reporter.ReportEvent micWarning, "Neukunde Fail", "Kunde bereits vorhanden"
        ExitTest

Else

        Wait(2)
        SAPGuiSession("Session").SAPGuiWindow("CIC EnBW").SAPGuiToolbar("ToolBarControl").PressButton Parame-
ter("ToolBar_Button")

        SAPGuiSession("Session").SAPGuiWindow("CIC EnBW").Page("Geschäftspartner/-vereinbarung").Image("Person").Click
        SAPGuiSession("Session").SAPGuiWindow("CIC EnBW").Page("Geschäftspartner/-vereinbarung").Image("Organisation").Click
        SAPGuiSession("Session").SAPGuiWindow("CIC EnBW").Page("Geschäftspartner/-vereinbarung").SAPEdit("Name").Set Parame-
ter("Name_Text")
        SAPGuiSession("Session").SAPGuiWindow("CIC EnBW").Page("Geschäftspartner/-vereinbarung_3").SAPEdit("Name 2").Set
Parameter("Name_2_Text")

        SAPGuiSession("Session").SAPGuiWindow("CIC EnBW").Page("Geschäftspartner/-vereinbarung").SAPEdit("PLZ").Set Parame-
ter("PLZ_Text")
        SAPGuiSession("Session").SAPGuiWindow("CIC EnBW").Page("Geschäftspartner/-vereinbarung").SAPEdit("Ort").Set Parame-
ter("Ort_Text")
        SAPGuiSession("Session").SAPGuiWindow("CIC EnBW").Page("Geschäftspartner/-vereinbarung").SAPEdit("Straße").Set
Parameter("Strasse_Text")
        SAPGuiSession("Session").SAPGuiWindow("CIC EnBW").Page("Geschäftspartner/-vereinbarung").SAPEdit("Hausnummer").Set
Parameter("Nr_Text")
        Reporter.ReportNote "Adresse angelegt"

        SAPGuiSession("Session").SAPGuiWindow("CIC EnBW").Page("Geschäftspartner/-vereinbarung").WebList("BU Kennzei-
chen").Select Parameter("BU_Kennzeichen_Text")
        SAPGuiSession("Session").SAPGuiWindow("CIC EnBW").Page("Geschäftspartner/-vereinbarung").WebList("Segment").Select
Parameter("Segment_Text")
        SAPGuiSession("Session").SAPGuiWindow("CIC EnBW").Page("Geschäftspartner/-vereinbarung").WebList("EDF Prio").Select
Parameter("EDF_Prio_Text")
        SAPGuiSession("Session").SAPGuiWindow("CIC EnBW").Page("Geschäftspartner/-vereinbarung").SAPButton("Branche auswäh-
len").Click
        SAPGuiSession("Session").SAPGuiWindow("CIC EnBW").Page("Geschäftspartner/-
vereinbarung").Frame("sapPopupMainId_X1").SAPEdit("Branchenbezeichnung").Set Parameter("Branche_Text")
        SAPGuiSession("Session").SAPGuiWindow("CIC EnBW").Page("Geschäftspartner/-
vereinbarung").Frame("sapPopupMainId_X1").Image("ico12_filter").Click
        SAPGuiSession("Session").SAPGuiWindow("CIC EnBW").Page("Geschäftspartner/-
vereinbarung").Frame("sapPopupMainId_X1").WebButton("WebButton").Click
        SAPGuiSession("Session").SAPGuiWindow("CIC EnBW").Page("Geschäftspartner/-
vereinbarung").Frame("sapPopupMainId_X0").SAPButton("OK").Click
        SAPGuiSession("Session").SAPGuiWindow("CIC EnBW").Page("Geschäftspartner/-
vereinbarung").WebList("Kundengruppe").Select Parameter("Kundengruppe_Text")
        SAPGuiSession("Session").SAPGuiWindow("CIC EnBW").Page("Geschäftspartner/-
vereinbarung").WebList("Kundenklasse").Select Parameter("Kundenklasse_Text")
        '---------------------------------------------------
        ' Ansprechpartner
        '---------------------------------------------------
        SAPGuiSession("Session").SAPGuiWindow("CIC EnBW").Page("Geschäftspartner/-
vereinbarung").WebButton("WebButton").Click
        Wait(2)
```

```
            SAPGuiSession("Session").SAPGuiWindow("Wertebereich einschränken").SAPGuiEdit("GP-Rolle").Set Parame-
ter("GP_Rolle_1_Text")
            Wait(2)
            SAPGuiSession("Session").SAPGuiWindow("Wertebereich einschränken").SAPGuiButton("Weiter  (Enter)").Click
            SAPGuiSession("Session").SAPGuiWindow("Organisation auswählen").SAPGuiButton("Suchen  (Strg+F)").Click
            Wait(2)
            SAPGuiSession("Session").SAPGuiWindow("Suchen").SAPGuiEdit("Suchen nach").Set Parameter("Suchen__Text")
            SAPGuiSession("Session").SAPGuiWindow("Suchen").SAPGuiButton("Suchen  (Enter)").Click
            SAPGuiSession("Session").SAPGuiWindow("Suchen_2").SAPGuiLabel("Ansprechpartner").SetFocus
            SAPGuiSession("Session").SAPGuiWindow("Suchen_2").SAPGuiLabel("Ansprechpartner").SetCaretPos 0
            SAPGuiSession("Session").SAPGuiWindow("Suchen_2").SAPGuiButton("Positionieren").Click
            SAPGuiSession("Session").SAPGuiWindow("Organisation auswählen").SAPGuiButton("Übernehmen  (Enter)").Click
            SAPGuiSession("Session").SAPGuiWindow("CIC EnBW").Page("Geschäftspartner/-vereinbarung").SAPCheckBox("Strom_1").Click
            SAPGuiSession("Session").SAPGuiWindow("CIC EnBW").Page("Geschäftspartner/-vereinbarung").SAPCheckBox("Haupt_1").Click
            Wait(2)
            SAPGuiSession("Session").SAPGuiWindow("CIC EnBW").Page("Geschäftspartner/-
vereinbarung").WebButton("WebButton_2").Click
            Wait(2)
            SAPGuiSession("Session").SAPGuiWindow("CIC EnBW").Page("Geschäftspartner/-
vereinbarung").WebButton("WebButton").Click
            Wait(2)
            SAPGuiSession("Session").SAPGuiWindow("Wertebereich einschränken").SAPGuiEdit("GP-Rolle").Set Parame-
ter("GP_Rolle_2_Text")
            SAPGuiSession("Session").SAPGuiWindow("Wertebereich einschränken").SAPGuiEdit("Name1/Nachname").Set Parame-
ter("Nachname_Text")
            SAPGuiSession("Session").SAPGuiWindow("Wertebereich einschränken").SAPGuiEdit("Name2/Vorname").Set Parame-
ter("Vorname_Text")
'           SAPGuiSession("Session").SAPGuiWindow("Wertebereich einschränken").SAPGuiEdit("Name2/Vorname").SetFocus
            SAPGuiSession("Session").SAPGuiWindow("Wertebereich einschränken").SAPGuiButton("Weiter  (Enter)").Click
            SAPGuiSession("Session").SAPGuiWindow("Organisation auswählen").SAPGuiButton("Übernehmen  (Enter)").Click
            SAPGuiSession("Session").SAPGuiWindow("CIC EnBW").Page("Geschäftspartner/-vereinbarung").SAPCheckBox("Strom_2").Click
            SAPGuiSession("Session").SAPGuiWindow("CIC EnBW").Page("Geschäftspartner/-vereinbarung").SAPCheckBox("Haupt_2").Click
            SAPGuiSession("Session").SAPGuiWindow("CIC EnBW").Page("Geschäftspartner/-vereinbarung").SAPButton("Vertriebsteam
ermitteln").Click
            SAPGuiSession("Session").SAPGuiWindow("CIC EnBW").Page("Geschäftspartner/-vereinbarung").SAPButton("Weiter").Click
            SAPGuiSession("Session").SAPGuiWindow("CIC EnBW").Page("Geschäftspartner/-vereinbarung").SAPButton("Bestätigen").Click
            Wait(5)
            SAPGuiSession("Session").SAPGuiWindow("Organisation auswählen").SAPGuiLabel("B2B Park").SetFocus
            SAPGuiSession("Session").SAPGuiWindow("Organisation auswählen").SAPGuiLabel("B2B Park").SetCaretPos 1
            SAPGuiSession("Session").SAPGuiWindow("Organisation auswählen").SAPGuiButton("Kopieren").Click
            Wait(3)
            SAPGuiSession("Session").SAPGuiWindow("CIC EnBW").SAPGuiTabStrip("TABSTRIP").Select Parameter("TABSTRI_Value")
            SAPGuiSession("Session").SAPGuiWindow("CIC EnBW").Page("Geschäftspartner/-vereinbarung_2").SAPButton("Weiter").Click
            SAPGuiSession("Session").SAPGuiWindow("CIC EnBW").Page("Geschäftspartner/-
vereinbarung_2").SAPButton("Bestätigen").Click

End If
```

Zählpunkt anlegen – Z_QTP_ZAEHLPUNKT

```
SAPGuiSession("Session").SAPGuiWindow("SAP Easy Access  -  Benutzerme").Maximize
SAPGuiSession("Session").SAPGuiWindow("SAP Easy Access  -  Benutzerme").SAPGuiOKCode("OKCode").Set Parameter("OKCode_Text")
SAPGuiSession("Session").SAPGuiWindow("SAP Easy Access  -  Benutzerme").SendKey ENTER
SAPGuiSession("Session").SAPGuiWindow("Organisation auswählen").SAPGuiLabel("B2B Park").SetFocus
SAPGuiSession("Session").SAPGuiWindow("Organisation auswählen").SAPGuiLabel("B2B Park").SetCaretPos 1
SAPGuiSession("Session").SAPGuiWindow("Organisation auswählen").SAPGuiButton("Übernehmen  (Enter)").Click
SAPGuiSession("Session").SAPGuiWindow("CIC EnBW").SAPGuiEdit("Name").Set Parameter("Name_Text")
SAPGuiSession("Session").SAPGuiWindow("CIC EnBW").SendKey ENTER
Wait(2)
SAPGuiSession("Session").SAPGuiWindow("Organisation auswählen").SAPGuiLabel("B2B Park").SetFocus
SAPGuiSession("Session").SAPGuiWindow("Organisation auswählen").SAPGuiLabel("B2B Park").SetCaretPos 1
SAPGuiSession("Session").SAPGuiWindow("Organisation auswählen").SAPGuiButton("Kopieren").Click
SAPGuiSession("Session").SAPGuiWindow("CIC EnBW").SAPGuiButton("Suchdaten bestätigen").Click


'-----------------------------------------------------
' GP Angebotsprozess
'-----------------------------------------------------
Wait(4)
Window("CIC EnBW").Page("CRM B2B BSP-Anwendung").Frame("ABCDEF00000012341234123412").Image("s_B_CONV").RightClick
Wait(3)
Window("CIC EnBW").WinObject("Control  Container").WinMenu("ContextMenu").Select Parameter("Context_Item_1")
```

Wait(2)
SAPGuiSession("Session").SAPGuiWindow("CIC EnBW").Page("Angebotsprozess Strom").SAPButton("Weiter").Click
SAPGuiSession("Session").SAPGuiWindow("CIC EnBW").Page("Angebotsprozess Strom").SAPButton("GP Adresse").Click
SAPGuiSession("Session").SAPGuiWindow("CIC EnBW").Page("Angebotsprozess Strom").SAPButton("ZP Suchen").Click
SAPGuiSession("Session").SAPGuiWindow("CIC EnBW").Page("Angebotsprozess Strom").SAPButton("Neuanlage").Click
SAPGuiSession("Session").SAPGuiWindow("CIC EnBW").Page("Angebotsprozess
Strom").Frame("sapPopupMainId_X1").SAPEdit("Zählpunkt").Set Parameter("Zaehlpunkt_Text")
SAPGuiSession("Session").SAPGuiWindow("CIC EnBW").Page("Angebotsprozess
Strom").Frame("sapPopupMainId_X1").WebList("Netzebene").Select Parameter("Netzebene_Text")
SAPGuiSession("Session").SAPGuiWindow("CIC EnBW").Page("Angebotsprozess
Strom").Frame("sapPopupMainId_X1").WebList("Spebene").Select Parameter("Spebene_Text")
SAPGuiSession("Session").SAPGuiWindow("CIC EnBW").Page("Angebotsprozess Strom").Frame("sapPopupMainId_X0").SAPButton("ZP
anlegen + hinzufügen").Click

If SAPGuiSession("Session").SAPGuiWindow("CIC EnBW").Page("Angebotsprozess
Strom_2").Frame("sapPopupMainId_X1").WebElement("Es existiert bereits ein").Exist Then
        SAPGuiSession("Session").SAPGuiWindow("CIC EnBW").Page("Angebotsprozess
Strom_2").Frame("sapPopupMainId_X0").WebElement("Abbrechen").Click
        Wait(2)
        SAPGuiSession("Session").SAPGuiWindow("CIC EnBW").SAPGuiButton("Workspace schliessen").Click
Else
        SAPGuiSession("Session").SAPGuiWindow("CIC EnBW").Page("Angebotsprozess Strom").SAPButton("Bestätigen").Click
End If

'--
' Zählpunkt ändern
'--
Wait(2)
SAPGuiSession("Session").SAPGuiWindow("CIC EnBW").Page("CRM B2B BSP-
Anwendung").Frame("ABCDEF00000012341234123412").Image("s_UTINST").RightClick
Wait(2)
Window("CIC EnBW").WinObject("Control Container").WinMenu("ContextMenu").Select Parameter("Context_Item_2")
Wait(2)
Window("CIC EnBW").WinObject("Afx:5FB40000:1008").Click 561,212
Window("CIC EnBW").WinObject("Afx:5FB40000:1008").Click 898,251
Window("CIC EnBW").WinObject("Afx:5FB40000:1008").WinMenu("ContextMenu").Select Parameter("Context_Item_3")

SAPGuiSession("Session").SAPGuiWindow("CIC EnBW").SAPGuiButton("Anlegen").Click
SAPGuiSession("Session").SAPGuiWindow("Strukturbruch").SAPGuiEdit("gültig ab *").Set Parameter("Gueltig_Text")
SAPGuiSession("Session").SAPGuiWindow("Strukturbruch").SAPGuiEdit("Verbrauchsänderung *").SetFocus
SAPGuiSession("Session").SAPGuiWindow("Strukturbruch").SAPGuiEdit("Verbrauchsänderung *").Set Parameter("Verbrauchs_Text")
SAPGuiSession("Session").SAPGuiWindow("Strukturbruch").SAPGuiEdit("Begründung *").Set Parameter("Begruendung_Text")
SAPGuiSession("Session").SAPGuiWindow("Strukturbruch").SAPGuiEdit("Profil-ID (KRP) *").SetFocus
SAPGuiSession("Session").SAPGuiWindow("Strukturbruch").SAPGuiEdit("Profil-ID (KRP) *").Set Parameter("Profil_Text")
SAPGuiSession("Session").SAPGuiWindow("Strukturbruch").SAPGuiButton("Weiter (F8)").Click
SAPGuiSession("Session").SAPGuiWindow("CIC EnBW").SAPGuiButton("Sichern").Click

Kalkulation durchführen – Z_QTP_KALKULATION

SAPGuiSession("Session").SAPGuiWindow("SAP Easy Access - Benutzerme").Maximize
SAPGuiSession("Session").SAPGuiWindow("SAP Easy Access - Benutzerme").SAPGuiOKCode("OKCode").Set Parameter("OKCode_Text")
SAPGuiSession("Session").SAPGuiWindow("SAP Easy Access - Benutzerme").SendKey ENTER
SAPGuiSession("Session").SAPGuiWindow("Organisation auswählen").SAPGuiLabel("B2B Park").SetFocus
SAPGuiSession("Session").SAPGuiWindow("Organisation auswählen").SAPGuiLabel("B2B Park").SetCaretPos 1
SAPGuiSession("Session").SAPGuiWindow("Organisation auswählen").SAPGuiButton("Übernehmen   (Enter)").Click
SAPGuiSession("Session").SAPGuiWindow("CIC EnBW").SAPGuiEdit("Name").Set Parameter("Name_Text")
SAPGuiSession("Session").SAPGuiWindow("CIC EnBW").SendKey ENTER
SAPGuiSession("Session").SAPGuiWindow("Organisation auswählen").SendKey ENTER
SAPGuiSession("Session").SAPGuiWindow("CIC EnBW").SAPGuiButton("Suchdaten bestätigen").Click
Wait(2)
SAPGuiSession("Session_2").SAPGuiWindow("CIC EnBW").Page("CRM B2B BSP-
Anwendung").Frame("ABCDEF00000012341234123412").Image("s_UTINST").RightClick
Window("CIC EnBW").WinObject("Control Container").WinMenu("ContextMenu").Select Parameter("Context_Item_Kalk")
Wait(2)
Dialog("Open File - Security Warning").WinButton("Run").Click
Wait(2)
Window("Window").Click 29,95
Wait(10)
JavaWindow("PricePilot 9.11.3_r5239").JavaButton("Verträge (F12)").Click
JavaWindow("PricePilot 9.11.3_r5239").JavaTable("PPTreeTable").SelectCell Parameter("PPTreeT_Row"), Parameter("PPTreeT_Column")
JavaDialog("VertragsZeitraumMonatDialog").JavaList("Vertragsbeginn").Select Parameter("Vertrag_Item")

```
JavaDialog("VertragsZeitraumMonatDialog").JavaSpin("JSpinner").Set Parameter("JSpinne_Value")
Wait(1)
JavaDialog("VertragsZeitraumMonatDialog").JavaList("Vertragsende").Select Parameter("Vertrag_Item_1")
JavaDialog("VertragsZeitraumMonatDialog").JavaSpin("JSpinner_2").Set Parameter("JSpinne_Value_1")
Wait(1)
JavaDialog("VertragsZeitraumMonatDialog").JavaButton("Ok").Click
JavaWindow("PricePilot 9.11.3_r5239").JavaButton("Mengenbasis (F12)").Click
JavaWindow("PricePilot 9.11.3_r5239").JavaTable("PPTreeTable").SelectCell Parameter("PPTreeT_Row_1"), Parame-
ter("PPTreeT_Column_1")
JavaWindow("PricePilot 9.11.3_r5239").JavaButton("Prognose & Import").Click
Wait(1)
Window("Window").Click 67,161
Wait(2)
JavaWindow("PricePilot 9.11.3_r5239").JavaButton("Generierung Planzahlen").Click
Wait(2)
JavaDialog("Genenrierung Planzahlen").JavaEdit("Jahresverbrauch [kWh]").Set Parameter("Jahresv_Text")
JavaDialog("Genenrierung Planzahlen").JavaEdit("HT-Anteil [%]").Set Parameter("JavaEdit_Text")
JavaDialog("Genenrierung Planzahlen").JavaEdit("Maximalleistung [kW]").Set Parameter("Maximal_Text")
JavaDialog("Genenrierung Planzahlen").JavaButton("Generierung starten").Click
JavaWindow("PricePilot 9.11.3_r5239").JavaButton("Übernehmen").Click
JavaWindow("PricePilot 9.11.3_r5239").JavaButton("Übernehmen").Click
Wait(2)
JavaWindow("PricePilot 9.11.3_r5239").JavaTable("PPTreeTable").SelectCell Parameter("PPTreeT_Row_2"), Parame-
ter("PPTreeT_Column_2")
JavaWindow("PricePilot 9.11.3_r5239").JavaButton("Zurück").Click
JavaWindow("PricePilot 9.11.3_r5239").JavaButton("Leistungsumfang (F12)").Click
JavaWindow("PricePilot 9.11.3_r5239").JavaButton("Abgaben (F12)").Click
JavaWindow("PricePilot 9.11.3_r5239").JavaButton("Kalkulationsparameter").Click
JavaWindow("PricePilot 9.11.3_r5239").JavaButton("Clusterung (F12)").Click
JavaWindow("PricePilot 9.11.3_r5239").JavaButton("Kalkulation (F12)").Click
JavaWindow("PricePilot 9.11.3_r5239").JavaButton("Übertragen nach CRM (F12)").Click
JavaWindow("PricePilot 9.11.3_r5239").JavaTable("Verträge").SelectCell Parameter("JavaTable_Row"), Parameter("JavaTable_Column")
JavaWindow("PricePilot 9.11.3_r5239").JavaList("Verträge").Select Parameter("JavaList_Item")
JavaWindow("PricePilot 9.11.3_r5239").JavaButton("Übertragung nach CRM").Click
Wait(25)
JavaWindow("PricePilot 9.11.3_r5239").Close
JavaWindow("PricePilot 9.11.3_r5239").JavaDialog("PricePilot").JavaButton("Ja").Click
```

Angebotsstatus ändern – Z_QTP_ANGEBOTSSTATUS

```
SAPGuiSession("Session").SAPGuiWindow("SAP Easy Access  -  Benutzerme").Maximize
SAPGuiSession("Session").SAPGuiWindow("SAP Easy Access  -  Benutzerme").SAPGuiOKCode("OKCode").Set Parameter("OKCode_Text")
SAPGuiSession("Session").SAPGuiWindow("SAP Easy Access  -  Benutzerme").SendKey ENTER
SAPGuiSession("Session").SAPGuiWindow("Organisation auswählen").SAPGuiLabel("B2B Park").SetFocus
SAPGuiSession("Session").SAPGuiWindow("Organisation auswählen").SAPGuiLabel("B2B Park").SetCaretPos 0
SAPGuiSession("Session").SAPGuiWindow("Organisation auswählen").SAPGuiButton("Übernehmen   (Enter)").Click
SAPGuiSession("Session").SAPGuiWindow("CIC EnBW").SAPGuiEdit("Name").Set Parameter("Name_Text")
SAPGuiSession("Session").SAPGuiWindow("CIC EnBW").SendKey ENTER
SAPGuiSession("Session").SAPGuiWindow("Organisation auswählen").SendKey ENTER
SAPGuiSession("Session").SAPGuiWindow("CIC EnBW").SAPGuiButton("Suchdaten bestätigen").Click
SAPGuiSession("Session_2").SAPGuiWindow("CIC EnBW").Page("CRM B2B BSP-
Anwendung").Frame("ABCDEF0000001234123412341234123412").Image("plusnb").Click
SAPGuiSession("Session_2").SAPGuiWindow("CIC EnBW").Page("CRM B2B BSP-
Anwendung").Frame("ABCDEF0000001234123412341234123412").Image("s_B_HEAD").RightClick
Window("CIC EnBW").WinObject("Control  Container").WinMenu("ContextMenu").Select Parameter("Context_Item_Stat_1")
Window("CIC EnBW").WinToolbar("ToolbarWindow32").Press Parameter("Toolbar_Button_Stat")
Window("CIC EnBW").WinObject("Control  Container_2").WinMenu("ContextMenu").Select Parameter("Context_Item_Stat_2")
SAPGuiSession("Session").SAPGuiWindow("CIC EnBW").SAPGuiButton("Vorg.sich.").Click
```

Angebot erstellen – Z_QTP_ANGEBOT

```
SAPGuiSession("Session").SAPGuiWindow("SAP Easy Access  -  Benutzerme").Maximize
SAPGuiSession("Session").SAPGuiWindow("SAP Easy Access  -  Benutzerme").SAPGuiOKCode("OKCode").Set Parameter("OKCode_Text")
SAPGuiSession("Session").SAPGuiWindow("SAP Easy Access  -  Benutzerme").SendKey ENTER
SAPGuiSession("Session").SAPGuiWindow("Organisation auswählen").SAPGuiLabel("B2B Park").SetFocus
SAPGuiSession("Session").SAPGuiWindow("Organisation auswählen").SAPGuiLabel("B2B Park").SetCaretPos 0
SAPGuiSession("Session").SAPGuiWindow("Organisation auswählen").SAPGuiButton("Übernehmen   (Enter)").Click
SAPGuiSession("Session").SAPGuiWindow("CIC EnBW").SAPGuiEdit("Name").Set Parameter("Name_Text")
SAPGuiSession("Session").SAPGuiWindow("CIC EnBW").SendKey ENTER
```

SAPGuiSession("Session").SAPGuiWindow("Organisation auswählen").SendKey ENTER
SAPGuiSession("Session").SAPGuiWindow("CIC EnBW").SAPGuiButton("Suchdaten bestätigen").Click
Wait(2)
SAPGuiSession("Session_2").SAPGuiWindow("CIC EnBW").Page("CRM B2B BSP-
Anwendung").Frame("ABCDEF000000123412341234123412").Image("plusnb").Click
Wait(2)
SAPGuiSession("Session").SAPGuiWindow("CIC EnBW").Page("CRM B2B BSP-
Anwendung").Frame("ABCDEF000000123412341234123412").Image("plusb").Click
Wait(2)
SAPGuiSession("Session").SAPGuiWindow("CIC EnBW").Page("CRM B2B BSP-
Anwendung").Frame("ABCDEF000000123412341234123412").Image("s_B_OFEV").RightClick
Wait(2)
Window("CIC EnBW").WinObject("Control Container").WinMenu("ContextMenu").Select Parameter("Context_Item_Ang")
Wait(2)
Dialog("Druckparameter").WinButton("Button").Click
Wait(3)
Window("Microsoft Excel").Window("Sicherheitswarnung").Click 154,158
Wait(35)
Window("DocGenerator").WinObject("F3 Server 60000000").Click 675,71
Wait(3)
SAPGuiSession("Session").SAPGuiWindow("Hinweis: Schreiben bitte").SAPGuiButton("Weiter (Enter)").Click

Masterskript – Z_QTP_ECATT_COMBI

REFEXT (Z_QTP_TEST_2 , Z_QTP_TEST_1 , 00000001).
REFEXT (Z_QTP_NEUKUNDE , Z_QTP_NEUKUNDE_1 , 00000001).
REFEXT (Z_QTP_ZAEHLPUNKT , Z_QTP_ZAEHLPUNKT_1 , 00000001).
REFEXT (Z_QTP_KALKULATION , Z_QTP_KALKULATION_1 , 00000001).
REFEXT (Z_QTP_ANGEBOTSSTATUS , Z_QTP_ANGEBOTSSTATUS_1 , 00000001).
REFEXT (Z_QTP_ANGEBOT , Z_QTP_ANGEBOT_1 , 00000001).

Anhang B – Glossar

Fehlerbegriff

„Ein Fehler ist die nicht Erfüllung einer Forderung, eine Abweichung zwischen dem Istverhalten (während der Ausführung der Tests oder des Betriebs festgestellt) und dem Sollverhalten (in der Spezifikation oder den Anforderungen festgelegt)" [SpLi10, S. 7]. Um einen Fehler zu identifizieren, muss also festgelegt sein, wie eine Situation oder ein Vorgang aussehen soll. Hierbei muss in Bezug auf Software zu physikalischen Systemen unterschieden werden. Physikalische Systeme weisen meist Fehler durch Alterung und Verschleiß auf. Im Gegensatz dazu entsteht ein Fehler in Softwaresystemen zum Zeitpunkt der Entwicklung, wird jedoch erst bei der Ausführung sichtbar.

Nach [DIN 66271] wird bei diesem Sachverhalt von Fehlerwirkung (engl. failure) gesprochen. Diese wird beim Testen oder sogar erst beim Betrieb der Anwendung sichtlich, zum Beispiel durch einen Absturz des Programms. Eine Fehlerwirkung wird durch einen Fehlerzustand (engl. fault) der Software ausgelöst. Der durch eine falsch programmierte oder vergessene Anweisung entstehen kann. Der Fehlerzustand wiederum hat seinen Ursprung in der Fehlhandlung (engl. error) einer Person, beispielsweise die fehlerhafte Programmierung durch den Entwickler.

Softwarequalität

Durch das Testen von Software soll die Softwarequalität gesteigert werden. Es stellt sich jedoch die Frage, was Qualität bedeutet.

Die ISO-Norm definiert Softwarequalität folgenderweise: „Softwarequalität ist die Gesamtheit von Eigenschaften und Merkmalen eines Softwareprodukts oder einer Tätigkeit, die sich auf deren Eignung zur Erfüllung gegebener Erfordernisse bezieht" [ISO/IEC 9126]. Insbesondere legt dieser Standard die sechs Qualitätsmerkmale Funktionalität, Zuverlässigkeit, Benutzbarkeit, Effizienz, Änderbarkeit und Übertragbarkeit zur Beschreibung der Softwarequalität fest.

Die Schwierigkeit beim Testen liegt darin, alle diese Qualitätsmerkmale zu berücksichtigen, da sie teilweise subjektive Einflüsse beinhalten. Dennoch kann durch Festlegung von Qualitätskriterien, eine einheitliche Bewertung von Software ermöglicht werden. Die Erfüllung der Qualitätskriterien ist durch geeignete Tests zu bestimmen.

Testen

Häufig entstehen Fehler unter Zeitdruck oder durch nachträgliche Änderungen im Programmteil. Aber auch die Komplexität der Infrastruktur oder neue Technologien können zu Fehlerzuständen in der Software führen. Um diese zu vermeiden, muss vor und nach der Inbetriebnahme des Softwaresystems ausführlich getestet werden.

Oft werden die Begriffe Debbuging und Testen gleichgesetzt, dabei bestehen hier bedeutende Unterschiede. Im Gegensatz zum Debbuging, wo es darum geht, Defekte und Fehlerzustände zu beheben, geht es beim Testen darum, Fehlerwirkungen (Hinweise auf Defekte) systematisch aufzudecken.

[Fran07] definiert Testen folgendermaßen: „Testen ist der Prozess, der sämtliche (Test-)Aktivitäten umfasst, welche dem Ziel dienen, für ein Software-Produkt die korrekte und vollständige Umsetzung der Anforderungen sowie das Erreichen der festgelegten Qualitätsanforderungen nachzuweisen" [Fran07, S. 24]. Die Ziele können jedoch nur dann erreicht werden, wenn alle Aktivitäten eines

Testprozesses, dazu gehören Planung, Steuerung, Vorbereitung und Auswertung der Tests, erfolgreich umgesetzt werden.

Testaufwand

Testen erhöht zwar die Softwarequalität, kann aber Fehlerfreiheit nicht garantieren. Eine Gewährleistung für ein fehlerfreies Programm ist praktisch unmöglich, da das Programm in allen erdenklichen Situationen und mit allen möglichen Eingaben getestet werden müsste (vgl. [SpLi10], S. 14).

Um den Testaufwand rational zu halten, wird nur ein Teil aller denkbaren Testfälle berücksichtigt (vgl. [SpLi10], S. 15). Selbst dann kann der Testaufwand über 50% vom Entwicklungsaufwand in Anspruch nehmen. Deshalb muss der Testprozess sorgfältig geplant werden, um die Testintensität, somit auch den Testaufwand, „angemessen" zu wählen (vgl. [INET01]).

Anhang C – Transaktionen

SOLAR_PROJECT_ADMIN – Projekt Administration

SOLAR01 – Business Blueprint

SOLAR02 – Konfiguration

SECATT – eCATT

STWB_2 – Testplan Management

STWB_WORK – Tester Arbeitsvorrat

SOLAR_EVAL – Reporting

SM_WORKCENTER – Work Center

SCC4 – Mandanteneinstellungen

RZ11 – Pflege der Profilparameter

SE38 – ABAP Editor